MAESTRÍA EN VENTAS DE ALTO VALOR

El Sistema Sencillo Para Vender A Precios Elevados Tus Productos O Servicios

Helio Laguna

Título: Maestría En Ventas De Alto Valor

© 2017, Helio Laguna

© De los textos: Helio Laguna

Ilustración de portada: Francisco R. Trejo

Revisión de estilo: www.escritoyhecho.com

1ª edición

Todos los Derechos Reservados.

¡¡IMPORTANTE!!

No tienes los derechos de Reproducción o Reventa de este Producto.

Este libro tiene Todos los Derechos Reservados.

Antes de venderlo, publicarlo en parte o en su totalidad, modificarlo o distribuirlo de cualquier forma, te recomiendo que consultes al autor.

El autor no puede garantizarte que los resultados obtenidos por él mismo al aplicar las técnicas aquí descritas, vayan a ser los tuyos.

Básicamente por dos motivos:

> Solamente tú sabes qué porcentaje de implicación aplicarás para implementar lo aprendido (a más implementación, más resultados).

> Aunque apliques en la misma medida que él, tampoco es garantía de obtención de las mismas ganancias, ya que incluso podrías obtener más, dependiendo de tus habilidades para desarrollar nuevas técnicas a partir de las aquí descritas.

Aunque todas las precauciones se han tomado para verificar la exactitud de la información contenida en el presente documento, el autor y el editor no asumen ninguna responsabilidad por cualquier error u omisión.

No se asume responsabilidad por daños que puedan resultar del uso de la información que contiene.

Así pues, buen trabajo y mejores Éxitos.

TABLA DE CONTENIDOS

Introducción **11**
Capítulo I. Tipos De Mentalidad **17**
Capítulo II. Las Matemáticas Del Éxito **29**
Capítulo III. Modelos De Coaching **35**
Capítulo IV. Cascada De Ganancias **41**
Capítulo V. El Embudo De 3 Pasos **53**
Capítulo VI. Opciones De Embudos **79**
Capítulo VII. Lucy: La Máquina De Hacer Dinero **87**
Conclusión **101**

"Cada vez que empiezo leer un libro lo primero que veo son los créditos, los reconocimientos de personas que no conozco, las historias del por qué o cómo de ese libro.

Y en numerosas ocasiones he dejado de leer porque pasan 100 páginas antes de que pueda entrar al tema por el cual compré el libro.

Aquí no va a ser así, aquí vamos ir directamente al grano."

Helio Laguna

INTRODUCCIÓN

Hola, te saluda Helio Laguna y quiero darte la bienvenida a este libro donde vas a descubrir cómo adquirir la mentalidad adecuada para las ventas de alto valor.

Hace cinco años aprendí esta estrategia de las ventas de alto valor, invertí 2.000 dólares y no obtuve resultados.

¿De quién crees que fue la culpa, del coach quizá?

Puedo echarle la culpa a todo el mundo y a su hermano, pero no es así.

Y en este libro vas a descubrir quién fue el culpable de que Heliosaki no haya obtenido resultados después de haber invertido 2.000 dólares.

Estudié con los mejores del mundo, con la persona que profesionalizó todo esto de las ventas de alto valor, Kevin Natios.

Podemos hablar un poquito más de historia. Tenemos como ejemplo a Jordan Belfort, el famoso lobo de Wall Street, que uso esto para el mal; ya saben, para vender acciones que no tenían mucho sentido.

Pero después Kevin usó este sistema para el bien, para vender conocimientos que pudieran transformar a las personas y venderlo de manera predecible.

Y uno de sus estudiantes fue Frank Kern. Frank no le pagó a Kevin 5.000 dólares. Como era el Coaching de Kevin, Frank le pagó 100.000 dólares por una buena razón.

Porque Frank le dijo: "Llévame de la mano. No me envíes Webinars, no me envíes a un área de miembros con vídeos, llévame de la mano. Quiero sacarle millones a ese sistema", y así lo hizo Frank.

Y la manera en que aprenden los grandes empresarios, la manera en que quiero que tú aprendas y es el lema del movimiento AMI, "es haciendo".

Frank aprendió poniendo en práctica, y lo que hicieron entonces no fue ponerse a estudiar; lo que hicieron entonces fue diseñar una oferta y se pusieron a vender.

Frank sacó su primera oferta "One Man Millions" (Un Hombre en Millones), la impartió con apoyo de su mentor Kevin, la vendieron en 1.997 dólares.

Actualmente un Coaching de este tipo, exactamente el mismo tipo, con Frank son 15.000 dólares; ya no son 1.997 dólares ¡son 15.000 dólares!

De hecho, son 1.997 dólares para tener la posibilidad de hablar con él y, casi, casi en esta llamada tienes que estar consciente de que lo vas a contratar por 15.000 dólares.

Es un depósito no reembolsable para ver si está disponible y lo puedas contratar a 15.000 dólares.

En aquel entonces con 2.000 dólares, Frank hacía las llamadas en persona, todo se trataba de que Frank pudiera delegar esto.

Ahora, él no hace las llamadas, tiene un equipo; que tuve la fortuna también de conocer en San Diego.

Entonces tiene su equipo que hace las llamadas por él; pero para aprender a supervisar ese equipo, él tuvo que hacer sus primeras llamadas, sus primeras ventas.

Y aquí estaba yo conociendo todo esto y queriendo aprender ese sistema de ventas de alto valor, con la gran oportunidad de hablar con Frank, mi ídolo.

No quise arriesgarme a estar en el teléfono con él, por la posibilidad de darle una respuesta incorrecta y no ser parte de ese Coaching.

Ya yo sabía que lo iba a comprar, la llamada iba a ser solo un trámite, pero tuve miedo de echarlo a perder.

Me salté la llamada, escribí a todos los correos de soporte que pude, diciendo que me enviaran el link de pago, que no tenía tiempo para la llamada, que no sabía bien inglés, que por favor me dejaran matricularme.

Me enviaron el link de pago, pagué, me matriculé y no obtuve resultados. Perdí en aquel momento la gran oportunidad de conocer a mi ídolo.

Aunque se cumplió este año, que ya estuve con él en dos eventos. Estuve con él, cambié de cara con él, le hice todo el Bullying que quise.

Lo puse a hacer vídeos en español, hacer transmisiones de Facebook Live, hice que se pusiera la camiseta de los "originadores", etc.

Pero en aquel momento no obtuve resultados. En septiembre del 2014 pagué solo 117 dólares, un entrenamiento, era de ocho horas, cuatro horas el sábado, cuatro horas el domingo.

El sábado no me era posible llegar porque andaba de viaje, solo iba a poder llegar el domingo.

Llegué el domingo con una persona que estudió con una persona que estudió con Frank, es decir, que era nieto de alguien que fue mi compañero en aquel entonces, en ese programa.

Solo que esta persona sí tomó acción, si comenzó a utilizar el sistema, si generaba grandes resultados con este sistema en aquel entonces.

Entonces fui con él y lo único que cambió fue la mentalidad, fue realmente lo único que cambió.

Cómo te explicas que haber estado con Kevin y con Frank, ocho semanas, viéndolos dos veces por semana, los martes para recibir teoría, los jueves para hacer preguntas y respuestas y que no haya logrado resultados.

Que haya asistido con esta persona que nos dio teoría durante dos horas, realmente lo que hizo fue leernos el script de llamado de ayuda y las siguientes dos horas fue ofrecernos su Coaching de 5.000 dólares, el cual no necesitaba.

Sin embargo, lo compré para que no me fuera a reclamar nada en el futuro.

Compré ese Coaching para no arriesgarme a alguna reclamación, yo sabía que iba a tomar ese sistema y lo iba a volver millones.

Así como Frank, tenía la certeza de que iba a invertir 100.000 dólares porque iba a ganar millones. Yo tenía la certeza de que con lo que vi ahí, iba a ganar millones.

Para no arriesgarme con algún problema legal con esa persona y que me hubiera reclamado de usar su sistema, que no era su sistema, yo iba a usar el sistema que aprendí con Frank, le compré su Coaching.

Jamás lo toqué, jamás supe de qué iba y, en efecto, transformé esa información en millones.

La clave, la gran clave, lo único que cambió fue la mentalidad.

"¿Cómo así que la mentalidad, Heliosaki? ¿Qué fue lo que viste?"

Antes una frase que algún día se haga celebre, es de mi autoría, dice: "La mentalidad lo es todo, en todo".

En bolsa de valores la mentalidad lo es todo. La mentalidad es la diferencia entre el que está perdiendo todo su dinero y dice que la bolsa es arriesgada, que puedes perder hasta la camisa, y la persona que ya transformó 1.000 dólares en 1.000.000 de dólares.

Conozco ese tipo de personas, son mis amigos y la única diferencia entre estas dos personas es la mentalidad. La mentalidad lo es todo, en todo, en negocios por internet.

¿Por qué alguien está ganando los lanzamientos y otra persona no? Por la mentalidad.

¿Por qué alguien está ganando 100.000 dólares al mes y otras personas no? Por la mentalidad.

¿Por qué dos personas van al mismo curso, al mismo evento; una sale con esa información y la transforma en millones y la otra persona sale sintiéndose defraudada de esa información, pensando que lo estafaron? ¿Por qué sucede eso? Misma información, resultados totalmente opuestos.

Alguien se siente agradecido de que invirtió 1.000 dólares y está feliz de haber pagado eso, porque ya sabe que va a generar ahora 100.000 dólares y, por otro lado, la persona que siente que lo estafaron con 1.000 dólares.

¿Qué fue lo que vio? ¿Qué fue lo que no vio? La mentalidad.

La única diferencia que hay; la teoría fue la misma y lo único que los diferencia es cómo están procesando la información esas dos personas. Y vamos a ver de qué mentalidad estoy hablando.

CAPÍTULO I.

TIPOS DE MENTALIDAD

La Mentalidad de Tomar Acción Masiva Imperfecta

Me hice una promesa al asistir a un evento, una única promesa, y esa promesa fue:

"Sea lo que sea que me enseñen ahí, voy a implementarlo. Siempre y cuando sea legal, voy a implementarlo en menos de 24 horas. Voy a implementarlo en menos de 24 horas".

Fuera lo que fuera, lo iba a implementar en 24 horas, y fue lo que hice, pero los resultados fueron catastróficos.

¿Qué otra cosa de mentalidad? *La mentalidad de mejorar tu autoconcepto.*

¿Cuál era mi autoconcepto en aquel entonces con Frank? Que mi conocimiento no valía lo suficiente, que yo no era lo suficientemente bueno, entre otras cosas.

¿Cuál era mi autoconcepto? Que no había dinero, que no había dinero en el mercado hispano, que nadie podía pagar 1.000 o 2.000 dólares por un entrenamiento.

Yo era hispano y los había pagado y en el área de miembros había muchos hispanos que los habían pagado.

Entonces mi mentalidad en aquel entonces, era "no hay dinero", mi autoconcepto en estos momentos es: "lo que yo sé, es lo suficientemente bueno para cobrar todo lo que yo quiera".

Los resultados que yo obtengo: 49 libros, ganar lanzamientos, crear Infoproductos en un día, generar miles de dólares por día de manera automatizada, llevar cuatro años haciendo correos electrónicos para subscriptores, logrando trasladar eso.

No estoy presumiendo, estoy simplemente dando un ejemplo, que yo logre trasladar cualquiera de esas habilidades.

Ahora las valoro, ahora sé que cualquiera de esas habilidades vale miles de dólares y que las personas me deben de pagar miles de dólares por ellas.

Antes también sabía hacer muchas de esas habilidades, pero yo pensaba que no merecía cobrar nada por ellas, que las tenía que regalar, que mi conocimiento no era importante.

Es posible que tú sufras lo mismo, tú vas a pensar: *"Bueno, sí, sé hacer que las personas bajen 10 kilogramos en un mes, pero ¿realmente puedo cobrar 1.000 dólares por algo tan sencillo? ¿Realmente le puedo pedir a alguien 500 dólares por eso?"*

Claro que sí, haciendo que alguien baje 10 kilos, le puedes salvar la vida de un ataque cardíaco, de que lo puedan operar y salve su vida, de cualquier cosa.

El resultado transformacional que tú puedas darle a las personas vale miles de dólares, no importa que tú no hayas ganado miles de dólares con anterioridad.

Si lo que tú sabes da un resultado, es ese resultado sin importar que tú lo estés proveyendo, es el que vale miles de dólares. Ya no estamos hablando de ti, estamos hablando del resultado.

Pero, de cualquier forma, debes de elevar tu auto concepto, debes de pensar que lo que tú sabes es lo suficientemente bueno y puedes cobrar miles de dólares.

Debes convencerte de que tú eres lo suficientemente bueno y puedes cobrar miles de dólares; entonces cambia tu autoconcepto y lo cambiarás todo.

¿Qué más debemos tomar en cuenta?

La Mentalidad de Seguir a la Vaca

Cuando estaba en ese entrenamiento mi cabeza comenzó a volar; y ese es uno de mis defectos, combinado con virtud.

Todo lo que aprendo lo quiero hacer distinto, lo quiero reconfigurar, hasta lo que funciona lo quiero reconfigurar; ahí ya no es bueno.

Lo que no funciona lo reconfiguro, a veces sucede que sí lo reconfiguro bien y es mejor; ahí si es bueno. A veces lo cambio todo y sale peor, ahí ya es malo.

Cuando estaba recibiendo esa información, comencé a sugerir: *"¿Y si le cambiamos esta pregunta al script de llamada de ayuda?"*

Y me decía la persona: *"Léelo tal como te estoy diciendo."*

"¿Y si cambiamos esta pregunta?"

"Hazlo tal como te estoy diciendo."

De ahí ese concepto de seguir a la vaca. Las vacas son animales que tienen las patas cortas, no pueden saltar una reja de alambres, no pueden saltar una piedra.

Lo que hacen es pisar la piedra, lograron enterrarla y la vaca que viene por detrás pisa la misma piedra para enterrarla más, la vaca que viene más atrás pisa la misma piedra hasta que la entierran; van pisando la maleza, la que ven atrás también, van aplanando la maleza hasta que hacen el camino; hacen la vereda.

Se dice que la ciudad de Boston (que no he ido, pero leí en un libro) es un caos, porque está construida sobre las veredas que dejaron las vacas, el hombre siguió a la vaca.

Aquí te pido que sigas a la vaca, que utilices el sistema tal como te estoy diciendo, no lo cambies porque lo vas a echar a perder.

La Mentalidad de Rol del Doctor

Cuando tú vas al doctor, el doctor te hace preguntar, tú no a él; estas preguntar del doctor permite dar un diagnóstico y una medicina.

Cueste lo que cueste la medicina, tú vas a compras esa medicina, no vas y compras una medicina más barata porque está más barata.

Vamos a suponer que el doctor te prescribió una medicina de 100 dólares, y tú dices: *"pues no, está muy cara, mejor compro otra medicina que cueste 1 dólar, aunque no me sirva, pero está más barata".*

No sucede así, tomas la recomendación del doctor, porque el doctor es el experto.

En este caso tú vas a asumir el rol del doctor. Serás el experto, tú harás las preguntas a las personas y les vas a diagnosticar algo; le darás un diagnóstico y una solución; y la solución será tu solución.

No vas a hacer llamadas de ayuda para recomendarles al final el programa de Gus Sevilla, sería una locura; no porque sea de Gus Sevilla, sino porque estás haciendo esto para ti, para que tú ganes dinero.

No vas a hacer una llamada de ayuda para recomendarles que busquen en internet la solución, sería una locura peor.

Tú le recomendarás lo tuyo y ellos, como pacientes (como tú cuando eres un paciente), van a comprar esa medicina sin importar lo que cueste; esta medicina es tu entrenamiento.

Entonces no tengas miedo de perder el control, les dirás desde el inicio esto:

"Si ya lo intuiste o no, este sistema de ventas de alto valor es para vender por medio del teléfono, es para hacer llamadas y vender."

Luego les dirás:

"Ok, para que esto funcione tenemos de 30 a 40 minutos, yo te voy a estar haciendo preguntas para ayudarte a encontrar una solución y ya que la encontremos, vamos a trabajar juntos en ella, ¿te parece?"

Si desde ahí te dice que no, acabas la llamada y chao. Si desde ahí te dice que sí, pero luego él te interrumpe y él es el que te hace preguntas, le dices:

"Te recuerdo, Juanito, cuando comenzamos a hablar te dije que la forma en que esto funcionaba es que íbamos a hablar 30 o 40 minutos. Yo te voy a hacer ciertas preguntas para ayudarte a que encontremos la solución y ya que encontremos la solución vamos a trabajar juntos para que cumplas con la solución, ¿te parece nuevamente?".

Y si te dice que no, pues ya cortas la llamada.

Entonces te reiniciarás al igual que una computadora, vas a recuperar el control.

Te aseguro que sucede con una de cada cien personas, por lo que te estoy dando la receta para recuperar el control, para tener el control de la llamada. El que tiene el control, tiene el dinero; así que asume el rol del doctor.

Otro rol u otra mentalidad que quiero que hagas tuya es...

La Mentalidad del Vendedor de Bienes e Inmuebles

Supongamos que un vendedor de bienes raíces vende una casa de 1.000.000 y se le da una comisión del 5%, esta persona gana 50.000 dólares por una venta.

Sin importar que ganó 1.000 dólares en todo el año, o que en toda su vida trabajando ha ganado 30.000 dólares; una venta de un inmueble de 1.000.000 de dólares son 50.000 dólares.

No importa si no le cabe en la cabeza, no importa si su termostato financiero dice que es mucho; si vendes algo de alto precio ganas mucho, mucho dinero y es lo que va a suceder aquí.

No importa si creas que 1.000 dólares son mucho dinero, si tú vas a vender tu producto transformador en 1.000 dólares y te dicen que sí, ya ganaste eso.

No hay vuelta atrás, te queme en la cabeza o no, ganas eso y ni modo, así que asume este rol.

El Rol del Atleta de Alto Rendimiento

Una persona como Usain Bolt, que ha ganado todas las medallas de oro, me parece que ya en tres olimpiadas; no inició corriendo por debajo de los 10 segundos.

Su primera carrera quizás fue malísima, pero entrenando todos los días hasta que logró lo que es hoy.

Tu primera llamada puede ser un asco, o puede ser que en la primera te digan que sí y va a ser de suerte; pero tus primeras llamadas pueden ser muy malas.

Bendice las primeras llamadas en las que te digan que no, porque estás entrenando.

Usain Bolt no se rindió con su primera carrera no corrió debajo de los 10 segundos, o cuando no ganó su primera carrera, no renunció a esto, siguió entrenando y entrenando.

Es lo que tú vas a hacer, con cada "no" que te digan, te estás acercando más al sí; es estadísticamente así. Cada vez que te dicen no, estás más cerca del sí.

Además, estarás mejorando tu habilidad y con el tiempo lograrás que 7 u 8 de cada 10 personas te digan que sí.

La Mentalidad de Una Marca Premium

¿Qué es la mentalidad de una marca Premium? Tus conocimientos valen miles de dólares.

Así como un bolso de marca vale 1.000 dólares y un bolso de marca poco reconocido pero más bonito o más grande, cueste 150 dólares; es la marca la que les permite vender en lo que quieren.

Tú eres una marca Premium, tu conocimiento es un conocimiento Premium, así que debes de tener esta mentalidad de marca Premium.

La Mentalidad de Abundancia

Debes de saber que lo que tú te mereces.

Como en la mentalidad del vendedor de bienes e inmuebles, deber saber que tú mereces ganar 1.000 dólares y estás vendiendo algo de 1.000 dólares, tus costos operativos son casi de nada.

Tienes que tener *la mentalidad de abundancia*; de que un día puedes cerrar el día con 10.000 dólares.

Yo he tenido un día de esos, tres días donde generé más de 10.000 dólares con este sistema, que un día tienes la gran posibilidad de cerrar el día con 21.000 dólares.

Yo en un día recibí 21 pagos de 997 dólares y lo que hice fue prepararme para esa abundancia, me preparé para generar 68.000 dólares en un mes.

Tú prepárate de ahora en adelante, si ahora tu termostato del empleo es que ganas 3.000 dólares al mes, tú prepárate ahora de que vas a generar 10.000 dólares al mes y ni modo.

"¿Por qué así? ¿Cómo se hace, si gano 3.000 en el empleo?" Porque no estás haciendo más empleo, no estás haciendo horas extras; estás vendiendo algo de alto valor.

Es como si estuvieras vendiendo inmuebles en tu tiempo libre y ocasionalmente ganarás una buena comisión, vas a ganar miles de dólares y no hay vuelta atrás.

Entonces prepárate para la abundancia; más sin embargo, no compres viajes al extranjero aún, porque te estás preparando para tener en abundancia.

Espera y prepárate para el dinero, ten mentalidad de abundancia, *ten la mentalidad de ser la presa y no el cazador.*

Cuando iniciamos en los negocios, no tenemos contactos, tenemos la mentalidad de ser el cazador, a ver a quién consigo, a quién le vendo.

Por lo general, transmitimos esa desesperación de que no tenemos prospectos, si tienes la mentalidad de abundancia, sobre el dinero así como los prospectos, sabrás que allá afuera hay millones de personas y sabrás cómo atraerlas.

Por ello, en este libro, utilizaremos esa mentalidad, esa confianza, esa seguridad de que cualquier persona; no importa que te digan que no.

Hay cientos de personas allá afuera que te van a decir que sí, vas a trasmitir eso y las personas te van a decir que sí.

Entonces desde este momento ten la mentalidad de ser la presa, no de ser el cazador.

Yo tengo esta mentalidad de ser la presa y a mí las personas me contactan por chat de Facebook para pedirme el enlace de pago.

En ocasiones, estoy tan ocupado, que me tardo dos o tres días en enviarles un enlace para que me paguen 1.000 dólares (lo que es un pecado de mi parte); pero tengo esa mentalidad, tengo esa mentalidad de que yo soy la presa.

Las personas quieren mis entrenamientos, quieren ir a mis eventos; me buscan a mí para pagarme.

Esta mentalidad lo es todo en mi negocio; y es lo que quiero que sea para tu negocio, que tú tengas también la misma mentalidad.

Quiero que, por favor, dejes de pensar en el dinero, este sistema es para generar miles de dólares.

"¿Heliosaki, cómo así? Me acabas de decir que hay sistemas para generar miles de dólares para despertar la abundancia total e ilimitada que hay en mí, pero ahora me dices que no piense en el dinero".

Así es, deja de pensar en el dinero; piensa en ayudar a las personas.

De hecho, el script (guion) de llamada de ayuda es un script que sirve para Coaching, lo usamos para vender, pero puede servir para otro tipo de Coachings.

Entonces cuando tú estás en una entrevista con esas personas, realmente les estás ayudando, realmente vas a sentir como ellos se van agradecidos de esa llamada que tuvieron contigo.

Tú mismo, si dejas de pensar en el dinero, te vas a sentir pleno y feliz de haber conocido a esa persona, de haber conocido sus sentimientos y sus sueños, de haberle ayudado, te vas a sentir satisfecho de haberle ayudado.

No sentirás que los 30 o 60 minutos que duró la llamada fue tiempo perdido, al contrario, vas a sentir que es tiempo ganado porque estás desarrollando la habilidad (como un atleta).

Es tiempo ganando, porque quizá le cambiaste la vida a una persona, le ayudaste a mejorar su día con esa llamada.

Tanto quiero a las personas cuando estoy en llamada, que hago una oración. Esa es la oración que te pido que la hagas.

Si crees en otra cosa, quítale "señor" y ponle otra cosa, hazla antes de la llamada, cierra los ojos, relájate y repítela.

Hazla durante la llamada, obviamente de manera mental. Hazla antes de la llamada en voz alta, dos o tres veces y durante la llamada de manera mental.

Transmíteselo a la persona con la que hablas, siente cómo fluye, esa persona lo va a recibir y se dejará ayudar.

"Señor, permíteme ser el vehículo para ayudar a esta persona".

No estás diciendo: "Señor, permíteme sacarle 1.000 dólares a esta persona. Señor, haz que esta persona me dé 1.000 dólares, por favor, los necesito".

No, no estás pidiendo dinero, estás pidiendo al universo, al creador, a lo que creas, la oportunidad de ser tú el vehículo para ayudar a esa persona.

"Permíteme ser", estás pidiendo la oportunidad de que tú seas el vehículo.

Vehículos hay un millón allá afuera, puede ir a buscar la oportunidad con cualquier persona.

Tú solamente estás pidiendo la oportunidad de ser tú quien lo puedas ayudar ¿Y por qué tú? Porque tú realmente estás pensando en ayudarlo.

Allá afuera hay muchos "gurús" que estarían encantados de recibir esos 1.000 dólares, dar acceso a 50 vídeos y no responderles ni una pregunta, no saber más y desentenderse de ellos.

Tú no, tú realmente quieres ayudarles, realmente quieres el resultado, esa es tu ambición principal, más allá de lo que te paguen; si te pagan es un premio.

Tú en esa llamada quieres ayudarlo. Si decide trabajar contigo, que bueno, si te paga, aún mejor; pero tú realmente estás ayudando a esa persona y es lo que estás pidiendo aquí.

¿Qué otra mentalidad?

Desecha la Mentalidad de la Carta de Ventas

O sostenla cuando recibas el primer no.

Muchas personas hacen una llamada, les dicen que no y ya me contactan: *"Heliosaki, me estafaste, no funciona tu sistema"*.

Muchas personas hacen cinco llamadas, reciben cinco no y ya se rinden, como si Usain Bolt se rindió en la quinta carrera porque no rompió el récord mundial.

Y ya se rinden, no se dan cuenta de que una carta de ventas convierte 1% de las personas. Es ahí cuando se dan cuenta de que ya van cien visitantes y nadie ha comprado de los cien.

Actualmente estoy enviando tráfico a una oferta, lo voy a tener que confesar, llevo 870 clics, 870 personas he enviado a esa oferta.

No es mía, si fuera mía ya me fuera suicidado; ¡no es cierto, es broma! No es mía la oferta, nadie ha comprado aún y no me vuelto loco por ello.

Pero muchas personas sí, muchas personas hacen diez llamadas y lograron una venta y se enojan; o hacen cinco llamadas, no llevan ninguna venta y se enojan.

No se ponen a pensar que una carta de ventas puede recibir cien visitantes y no hacer ni una sola venta.

Compara las llamadas contra una carta de ventas, no estoy diciendo que de cien llamadas no vas a hacer una venta, te aseguro que no va a suceder.

Te aseguro que si haces cien llamadas vas a hacer treinta ventas al menos y si son de 1.000 dólares, son 30.000 dólares.

¿Harías 100 llamadas si te pago en estos momentos 30.000 dólares? Te aseguro que sí.

30.000 dólares por cien horas invertidas, te aseguro que sí lo harías, y eso es lo que te pido que hagas.

Lo que te pido que hagas es que tengas mentalidad de hierro. Y por último, que sepas que son solo números.

Entre más hables, más ventas vas a hacer. Si quieres cerrar esto con cinco ventas, allá tú.

Pero estuviste viendo un metro cuadrado de la punta del Iceberg, y te perdiste el resto del Iceberg. Si realmente quieres que esto funcione para ti, úsalo mucho.

Entre más llamadas realices, más ventas tendrás. Para generar 68.000 dólares en un mes, tuve que realizar 300 llamadas y logré esas ventas.

Son solo números, entre más llamadas más te acercas al sí. Es más, te reto a que hagas 100 llamadas y me demuestres que no concretaste ninguna venta.

Te doy 1.000 dólares de mi bolsillo si me demuestras que hiciste 100 llamadas, me pasas la lista con las personas con las cuales agendaste una cita; le voy a hablar a 10 a ver si de verdad las llamaste.

Si eso sucedió, yo te voy a dar 1.000 dólares porque me demostraste que esto no funciona para todos.

Y yo te preguntaría: ¿cuál es tu cifra de libertad financiera? Porque este sistema te puede dar tu libertad financiera.

No estamos hablando de tener una casa en la playa y vivir por todo el mundo; estamos hablando de la cantidad que sean tus gastos de vida o el doble.

¿Qué cantidad sería suficiente para que dejaras tu empleo, la cantidad por la cual despedirías a tu jefe?

Vamos a ver si este sistema te la puede dar o no.

CAPÍTULO II.

LAS MATEMÁTICAS DEL ÉXITO

¿Qué ejercicio quiero que hagas?

Pon tu cifra de libertad financiera; no sé, ponle los famosos 5.000 dólares al mes a los negocios por Internet.

Pon el precio de tu producto, de tu oferta, 1.000 dólares, 500 dólares.

Ahora vamos a dividir esos 5.000 entre 1.000 dólares, si es que tu oferta es de 1.000 dólares y te va a dar cinco ventas en todo el mes.

Ahora vamos a dividir esos 5.000 entre 500 dólares. Si tu oferta es de 500 dólares y vas a tener que hacer diez ventas en todo el mes, en todo el mes, estoy hablando de todo el mes, no en un día, que se puede, en todo el mes.

Imagínate eso, tan solo diez ventas de 500 dólares y tienes todo el mes para lograrlo

Si tu ratio de tu porcentaje de cierre es como el de Andrés, del 30%; de cada siete llamadas, dos te dicen que sí, entonces tienes que hacer treinta llamadas,

Treinta llamadas para que diez te compren y puedas vivir de esto. Treinta llamadas en un mes.

Quiero que lo pienses, una sola llamada por día. ¿Qué tan incapacitados podemos estar para no generar una cita en un día, para poder estar frente a una persona frente al teléfono en un día?

Estando nosotros de manera consciente, queriendo llevar personas, muchas personas, hablar con ellos, que no podamos llevar una persona al día a que hable con nosotros

Si ese día nos dicen que no, no importa, si en la llamada siete nos dicen que sí, está bien.

Vamos dentro de nuestros parámetros y vamos en los siguientes siete días a lograr nuestra segunda venta.

En los siguientes siete días logramos dos ventas, y en los siguientes siete días, otras dos ventas, generamos 6.000 dólares y ya estamos del otro lado.

Así es como funciona esto, saca una hoja y ponte a hacer tus matemáticas, pon tus cifras de gasto, pon cuánto va a costar tu oferta.

Y vamos a ver los números, te voy a dar las cifras que debes estar monitoreando para que todo esto haga más sentido, estás son las matemáticas.

Lo primero es citas, debes de saber que no todas las citas van a llegar.

Ahora te dije, tienes que lograr una cita al día, pero para que esa cita sea realmente cita, lo mejor es haber quedado con tres personas y solo una llegó. La primera matemática son las citas, no todos llegan a la cita.

Bueno, lo primero que tienes que conseguir son citas, no todos van a llegar a la cita para hacer la llamada.

El segundo parámetro son las llamadas. Si hiciste treinta citas, hiciste diez citas para el día.

Muy bien, te felicito, lo malo es que solo llegó una persona y solo hiciste una llamada y no te compró. Entonces de nada, o no de mucho te sirvió esas diez citas que hiciste.

¿Diez citas al siguiente día? Muy bien, te felicito, lograste hablar con ocho, mucho mejor, te felicito. Lograste que cuatro te dijeran que sí, cuatro cierres.

Ahora te voy a decir algo, no todos los cierres se convierten en dinero.

Muchas personas, por la potencia que tiene este guion y por emoción, te dicen en ese momento "sí" y no tienen el dinero.

Y si no tienen el dinero es porque no hicieron nada por conseguirlo, muchos sí hacen por conseguir el dinero y te pagan.

Muchos se mueren en el proceso, no hacen para conseguir el dinero, no te pagan. Entonces no todos los cierres son ventas o pagos, que es el último parámetro.

Ahora lo puedes ver, citas, vas a generar citas de citas; si llegas a la persona a las que llamaste, te pueden decir que sí o te pueden decir que no.

Si te dicen que sí es un cierre y cuando paguen es ganancia, aun cuando no todos paguen

¿Y cuáles son las métricas para no complicarnos? Es 50% en cada paso, quiere decir que, si tienes cien citas, vas a terminar haciendo cincuenta llamadas.

Si tienes cincuenta llamadas, vas a terminar logrando que veinticinco personas te digan que sí, y si veinticinco personas te dijeron que sí, vas a lograr que 12.5 personas te paguen.

Así es como funciona esto, tengo que ser totalmente honesto contigo, no pienses que cuando tengas a tu primera cita para verse en Skype, ya tienes 1.000 dólares, no es así.

Entonces en lo que tienes que enfocarte es en conseguir citas, y vamos a ver un sistema de Marketing de Gorila que te va a permitir más de las citas que puedas manejar.

Así como te lo digo, yo tengo más de las citas que puedo manejar, tengo treinta citas al día y solo me da tiempo de hablar con cinco personas.

Pierdo veinticinco prospectos al día, así funciona mi negocio, yo soy la presa, no soy el cazador.

Entonces si quieres hacer diez ventas de 500 dólares para generar los 5.000 dólares que requieres, vamos a ingeniería inversa; tienes que lograr veinte cierres, para que diez de ellos paguen.

Vamos a usar ingeniería inversa para lograr los veinte cierres, tienes que hacer cuarenta llamadas para lograr que veinte te hayan dicho que sí.

Usemos a ingeniería inversa, para que esas cuarenta personas las tengas frente al teléfono o frente al Skype, tuviste que haber logrado ochenta citas; así es como funciona las matemáticas.

En lo que te tienes que concentrar ahora es en las citas, tienes treinta días en el mes, tienes que ir por 2.5 citas al día.

Un día has de tener dos citas o tres citas y va a suceder todo, estamos hablando de citas.

No todos van a llegar, quizá de esas tres citas lograste hablar con uno, lograste hablar con dos, pero vas a tener la libertad financiera que tienes y esas son las métricas para lograrlo.

Casos de Éxito

Y pues ahora, ya para finalizar, este sistema es para generar dinero rápido, es el modelo más sencillo del mundo; es el camino más corto al dinero.

En lo personal, me llevó dos horas para implementarlo y fue lo primero que hice al día siguiente de que asistí a este evento y al día siguiente generé 5.000 dólares.

De hecho, hice 3.000 dólares en mis primeras dos horas de trabajo, en dos horas monté mi embudo, en las siguientes dos horas ya tenía 3.000 dólares en mi cuenta de PayPal; ese día lo cerré con 5.000 dólares.

Por momentos pasaba esto, hacía 29 llamadas, 29 personas me decían que sí, no todos pagaban, pero tenía una taza de cierre del 90 o del 100%.

Finalmente, para hacer mis primeras cien ventas tuve que hacer 150 llamadas, mejor dicho, en las 150 llamadas hice cien cierres y en esos cien cierres 77 personas pagaron, y esos fueron mis resultados iniciales.

Pensé que eso solo era para mí, lo enseñé, estos fueron los resultados de los primeros implementadores:

"Heliosaki, hice dos llamadas e hice dos cierres".

"Heliosaki, hice cinco llamadas e hice cuatro cierres".

"Heliosaki, hice tres llamadas e hice dos cierres".

"Heliosaki, hice cuatro llamadas e hice cuatro cierres".

Así fue como funcionó esto, y yo le decía a las personas: "Tu red actual de amigos vale 5.000 dólares al mes".

La realidad es que estaba mintiendo, un solo post vale 5.000 dólares al mes o más.

Una sola publicación tuya puede valer más que eso, para esas primeras 77 ventas que hice, dos publicaciones generaron más de 10.000 dólares.

Tengo una publicación que ha generado más de medio millón de dólares y te la voy a mostrar en este entrenamiento.

Yo te preguntaría, ¿actualmente cuánto te tardas en vender 1.000 dólares?

Hace algunos años mis proyectos eran de 1.000 dólares, yo entraba en una oportunidad de mercadeo en red para ganar 1.000 dólares.

Ya cuando lo lograba me salía o se lo explotaba a la compañía y me iba a otra, creaba un producto de información, hacía un lanzamiento y generaba 1.000 dólares.

Tenía que volver a empezar para volver a crear otro, ese era mi termostato financiero, esa era mi realidad, esos eran mis resultados.

Actualmente mis horas, no mis proyectos de un mes o dos meses, mis horas son de 1.000 o de 2.000 dólares.

Porque en una hora tengo la habilidad de hacer una o dos llamadas, que las dos personas incluso paguen y generar 2.000 dólares en una sola hora.

¿Qué es lo que tienes que hacer? Ya lo sabes, utilizar esta estrategia 30 o 60 minutos en un día, para que en 30 minutos hagas una llamada, en 60 minutos dos llamadas.

Si no eres tan hábil, al principio te va a llevar 60 minutos hacer una llamada, si haces una llamada por día, son 30 llamadas en un mes, 15 cierres, 7 ventas, quizá 7.000 dólares si vendes a 1.000. Ahora ya lo sabes.

CAPÍTULO III.

MODELOS DE COACHING

Es cómo diseñar tu oferta o tu programa de Coaching de alto valor

¿Cómo diseñar tu programa de Coaching de alto valor?

Bueno, puedes crear un programa uno a uno; no te lo recomiendo y ahora vas te diré por qué. También, puedes hacer un programa de Coaching grupal, en lo personal, odio el programa uno a uno, no importa que paguen.

Te acabo de decir que odias tu trabajo y lo haces por 100 dólares, pues hazlo.

Odio el Coaching uno a uno y si me pagan 5.000 dólares lo hago y, pues, me daría el mismo consejo.

Si lo odio, pero de todas formas lo hago, porque son 5.000 dólares; pero no, hay algo mucho más poderoso dentro de mí que hace que odie eso y es que no me estoy levantando.

Me siento infame, de que le estoy dando todo lo que tengo solo a una persona, no porque sea esa persona, estoy feliz de dárselo a esa persona; pero se lo pudiera estar dando a 30, 50, a 100 personas de manera simultánea.

En serio odio eso. Tuve entrenamientos de uno a uno y cuando terminaba el Coaching, esta persona iba rápido a Facebook y creaba un Hangout de la nada para poderme dar la información a muchas personas.

Amo ayudar a la mayor cantidad de personas en el menor tiempo posible y no lo estoy logrando cuando estoy solamente con una persona.

Estoy contradiciendo mi misión de vida, mi llamado de vida de ayudar a muchas personas lo más rápido que me sea posible. Por esto no me gusta.

Pero hay otras cosas, vas a descubrir por qué más no me gusta, pero vamos a ser honestos.

La ventaja que tiene el Coaching de uno a uno, es que puedes cobrar más.

El único Coaching uno a uno que tuve lo cobré en 1.000 dólares y tuve cinco personas y lo cerré.

Pero puedes cobrar más, es percibido que puedes cobrar más si es uno a uno.

Como desventaja, requiere más de tu tiempo, si tienes cinco personas y le vas a dar 2 horas a cada persona, pues ahí ya estamos hablando de 10 horas.

Vamos a suponer que le das un Coaching una vez por semana de 2 horas a cada uno, 10 horas cada semana; supongamos que dura 10 meses, son 40, 80 horas para impactar a 5 personas nada más.

¿Qué hubiera pasado si tienes a las 5 en la misma sala? Son 2 horas nada más, no por persona.

Son 16 horas, 8 horas el primer mes; 8 horas el segundo mes, 16 horas en lugar de 80 horas. Nada más ve las matemáticas de apalancamiento y estamos hablando de un ejemplo súper sencillo, aplicado únicamente 5 personas.

¿Qué pasaría en un Coaching grupal de 30 personas? Las matemáticas son totalmente desastrosas.

30 personas, que a cada una le des 2 horas de tu vida y una sesión por semana durante 2 meses; no te quiero decir cuántas veces más estás dando de tiempo, porque estás utilizando el modelo uno a uno.

Pero es común que siendo una sesión de uno a uno, se justifica pagar más.

Yo digo que no, que las eduques a que no es así, a que les vas a dar la misma atención.

Un ejemplo: quieres ganar 10.000 dólares y solamente quieres trabajar 40 horas al mes.

Estamos diseñando tu estilo de vida ideal y para impactarles, para llegarles a esas personas requieres darle 2 horas a cada cliente.

¿Entonces cuántos clientes puedes tener? Puedes tener 20 clientes.

¿Y cuánto les puedes cobrar? Vamos a la ingeniería inversa para ganar; si solamente puedo tener 20 clientes, ¿cuánto les debo de cobrar?

Pues, cobrándoles 500 dólares a cada uno, ya puedo ganar los 10.000 dólares.

Trabajo el tiempo que yo quiero, las 40 horas nada más y con 2 horas les puedo servir bien.

Si requiriera 4 horas para servirles bien, entonces vamos a bajar a 10 clientes, entonces les cobro 1.000 dólares y ya voy a generar los 10.000 dólares.

Apunta estas métricas y hazlas si te vas a dedicar a este modelo del uno a uno. Si por el contrario te vas a dedicar al modelo grupal, ¿qué es lo que te recomiendo?

Requiere menos de tu tiempo y menos de tu esfuerzo, y puedes generar lo que he denominado "la cascada de ganancias".

La cascada de ganancias es ganar antes, durante y después de tu Coaching.

Imagínate ganar antes de que des el Coaching, ganar mientras estés dando el Coaching, es decir, como si ahora me estuvieran pagando además de lo que ustedes ya me pagaron tener este libro o asistir a una reunión; y ganar después de que yo haya dado el Coaching.

Algo que no se puede en el modelo uno a uno.

La desventaja es que tienes que justificar bien el precio o vas a terminar cobrando menos.

Yo te digo que no, que puedes cobrar lo mismo; pero la persona, tu cliente va a pensar que grupal requiere ser menos, esas son las desventajas.

Vamos a ver duración del modelo grupal; puede ser 3 meses. A las personas les gusta mucho esto, que estés 90 días con ellos.

Para mí lo ideal es un mes, no solo porque repites el ciclo más rápido, sino que tienes la atención de tu audiencia, puedes darles incluso cinco sesiones.

La sesión número uno no cuenta como tiempo, porque ahí inicia el Coaching. En la sesión número dos ya ha pasado una semana; en la sesión número tres ya pasaron dos semanas.

En la sesión número cuatro ya pasaron tres semanas, y en la sesión número cinco ya pasaron cinco semanas.

Puedes tener cinco sesiones, una semana cada uno con ellos y lo ideal sería un mes. ¿Qué es lo que ha pasado en mis entrenamientos?

Vamos a suponer que 100 personas contratan un entrenamiento, no importa cuánto pagaron.

Muchos dirán: *"Pero Heliosaki, es que se pagan 1.000 dólares".*

Si van a estar ahí, van a querer desquitar su dinero, paguen lo que paguen esto es lo que ha sucedido.

Primera sesión, pagaron 1.000 dólares, pagaran lo que sea, llega 80% de las personas.

Segunda sesión, llega el 65% de las personas. La tercera sesión, llega el 50% de las personas. En la cuarta sesión, llega el 45% de las personas; por su parte, la quinta sesión, llega el 40% de las personas.

Sin embargo, es posible hacer esto en 3 meses. ¿Por qué razón sí tengo un programa de 3 meses? Porque está abierto todo el tiempo, porque no importa cuando lleguen, siempre hay personas frescas de las cuales tengo su atención.

¿Qué pasaría si no estuviera abierto?

Lo pudiese hacer de 3 meses, y en el mes 2, yo diría que en el mes 1 terminamos con 40%; pero, en el mes 2 pudiera estar únicamente ya con 5 personas mirándonos las caras, de 100 que empezaron. En el mes 3 terminar con 10 o 5 personas.

Imagínate, me sentiría infeliz, como en el modelo de Coaching uno a uno.

¿Qué fue lo que hizo la persona con la cual asistí a ese evento? Ese Coaching que se tardó todo un año en entregarlo, te digo que no lo consumí; pero veía que hacía sesiones un mes y al siguiente mes otra cesión.

Se tardó todo el año en entregarlo, si ganó mucho dinero, allí alrededor de 20 personas le compramos a 5.000 dólares.

Según mis cálculos, son 100.000 dólares, 20 ventas de 5.000.

Pero esos 100.000 dólares fueron para todo el año, se tardó todo el año en entregar, y estuvo entregando y no vendiendo.

Esos 100.000 dólares no fueron en un mes, fueron en un año y ya son menos de 10.000 dólares al mes.

¿Qué fue lo hice yo en mi primer Coaching?

Cometí ese error, me tardé 6 meses y vi esto.

Vi esto que cada vez había menos personas, en mi siguiente Coaching ya nada más lo hice de un mes y así repetí el ciclo más rápido.

Después encontré la forma de repetirlo mucho más rápido, que son con talleres de 2 o 3 días; haces el taller, das el resultado y chao.

Puedes repetir el ciclo, ya al término del taller el domingo, el lunes ya estás vendiendo el siguiente taller.

Ya estoy desocupado, imagínate 28 días para vender, 2 días para entregar y al mes siguiente repito el ciclo, 28 días para vender, 2 días para entregar.

¿Qué es lo que tengo actualmente en el Coaching Emprendedor Imparable? Tengo 30 días para vender, todo el tiempo está abierto.

¿Cuál fue el error que hizo este Coach? Un año para entregar, imagínate un año para entregar.

¿Cuál fue mi primer Coaching? 3 meses para entregar y durante esos 3 meses no estuve vendiendo; solo durante el primer mes vendí, metiendo a las personas con una o dos sesiones avanzadas y después ya no quise vender.

Se me hacía injusto que entraran y que todo estuviera grabado; entonces cerré y durante dos meses no estuve vendiendo, únicamente estuve entregando.

Entonces sí generé 67.000 dólares en vender mi primer programa de Coaching, pero como me llevó 3 meses entregarlo, lo justo es dividir entre 3 esa cifra y ya no son 67.000 dólares al mes.

He sentido que es mejor repetir el ciclo más rápido y que hagas 67.000 dólares, pero al siguiente mes los generes otra vez.

CAPÍTULO IV.

CASCADA DE GANANCIAS

La cascada de ganancias es el Santo Grial de las ventas de Coaching de las ventas de alto valor.

Por favor, úsalo, si no los siguientes minutos van a ser los peores minutos desperdiciados de mi vida; ya que esto es la abundancia total. Modelo de ventas antes, durante y después.

¿Cómo funciona?

Se vende la consultoría y se entrega en sesiones en vivo vía Webinar, Hangout o libros, esto es ganar el dinero antes.

Todo lo estamos haciendo ahora, ¿no? Tú pagaste por este libro, te lo estoy dando, yo gané el dinero antes; incluso ya me lo gasté.

Yo gané el dinero antes y ahora te lo estoy entregando, incluso falta por entregar. Ese es el modelo típico, el que todos conocemos, o quizás el único que conozcas.

Es el que vas a usar, vas a vender y te van a pagar; porque no les vas a vender al final para que te paguen.

Lo que viene ahora es lo que ya sabes, que tú vas a vender y ellos no van a recibir nada hasta que tú lo entregues, hasta que digas "inicia tal fecha", en esa fecha inicias y comienzas a entregar.

¿Cómo ganar durante? Hay dos opciones, una de ellas es lógica, puedes vender en las sesiones productos complementarios.

Lo que puede suceder, no será que la persona diga: *"Ay, me estás estafando, ya yo te pagué y ahora te estoy pagando porque me vendas. Eres lo peor, Satanás".*

No es así, realmente hay cosas complementarias como Software, que puedes recomendar a las personas, yo lo que trato de hacer es darles todo gratis.

Pero si no es mío y aún no lo consigo u obtengo la licencia, si tengo que ser honesto y decir:

"Mira, ¿sabes qué? No te puedo dar un autorespondedor. Todavía no lo tengo, no soy el dueño de un autorespondedor. Pero necesitas un autorespondedor, el que yo utilizo se llama tal, si lo quieres contratar con mi link de afiliado, este es, y te voy a dar unos bonos".

Y así funciona esto, la verdad que no vas a salir llorando cuando te diga: *"necesitas un auto respondedor, no soy el dueño de Aweber, por lo tanto, no te puedo dar una cuenta de auto respondedor.*

Si lo quieres comprar allá afuera, hazlo allá afuera; si lo quieres comprar y confías en mí y lo compras con mi enlace te voy a dar estos bonos ¿lo puedes comprar conmigo? ¿Contratar conmigo?".

¿Verdad que no te vas a poner a llorar y me vas a decir: *"Heliosaki, traicionero, te pagué 1.000 dólares y ahora me estás vendiendo?"*

Pues no, hay productos complementarios que se requieren, vas a requerir un sistema para crear tu carta de ayuda o formulario de ayuda.

Pero yo te lo voy a dar, yo invertí 5.000 dólares en desarrollar ese Software, el único Software de consultoría en el mundo y te lo voy a dar gratis.

Pero lo que no te pueda dar gratis, te voy a decir: *"¿Sabes qué? Además de Agenda-Cita uso esto para mí autorespondedor, ve y contrátalo, contrátalo conmigo de preferencia".*

Entonces puedes vender en las sesiones productos complementarios y esta es la estrategia maestra; el Webinar invisible.

Se venden las sesiones por separado al doble del precio regular, pagan un día después de la sesión, las métricas dicen que solo el 10% cancela el pago.

¿Cómo funciona esto? ¿Cómo funciona el Webinar invisible?

Yo tengo un Coaching que se llama Emprendedor Imparable, son doce fuentes de negocios, Emprendedor Imparable vale 697 dólares.

Vamos a dividir 697/12, cada sesión estás invirtiendo 58 dólares por ella, multiplico esto por 2.

Voy a vender la primera sesión por separado, la primera sesión por separado la vendería en 117 dólares.

En esta ocasión no lo hice, lo hice en la primera generación de Emprendedor Imparable; pero supongamos que aquí hubiese personas que pagaron por recibir esta sesión 117 dólares.

Y peor aún, que estuvieran esas personas gratis, que no hubiesen pagado por recibir esta sesión, ¿cómo funciona?

Hago un botón de PayPal de 0 dólares, de 2 pagos, primer pago de 0 dólares y un pago final de 117 dólares.

Tiene que ser un botón de dos pagos con un trial, el trial es de 0 dólares y el primer pago es de la mitad de 117 dólares, el primer pago es de 60 dólares.

Vamos a venderlo mejor en 127, se divide 127/2, el primer pago.

Vamos a aumentarle más, el primer pago es de 67 dólares, un día después de que acabó el Webinar.

Solo pagan si el contenido del Webinar les voló la cabeza, es decir, si la primera sesión les voló la cabeza, pagan.

Si en la primera sesión, al finalizar, les dices cómo pedir su reembolso, cómo cancelar el pago para que no les llegue y haya sido totalmente gratis.

Entonces la realidad es que solo el 10% de las personas cancelan, el otro 90% no cancela, recibe ambos pagos.

Y aquí es donde viene la magia, les mostraste que tú eres la solución, les volaste la cabeza porque diste tu contenido, no tu contenido basura, sino tu máximo contenido, porque querías venderles a estas nuevas personas 50, de un 30 a un 50% te pagaron por estar ahí.

Te van a terminar de pagar el Coaching completo; fue al menos lo que a mí me sucedió.

El 50% de las personas que estuvieron en la primera sesión compraron Emprendedor Imparable, todo completo; porque les volé la tapa de los sesos con esto de la cascada de ganancias y con esto de las ventas de alto valor.

Entonces así es como funciona vender durante la presentación.

Imagínate, si tu Coaching es de doce sesiones, tienes doce disparos para vender cada una de las sesiones.

Además, hacer que todos los compradores si se vayan acumulando; vamos a suponer que en la primera sesión vendiste diez y de ahí de esos diez, cinco te van a comprar el programa completo.

En la segunda sesión vendiste veinte y de ahí diez van a hacer el del programa completo. En la tercera sesión vendiste diez y de ahí cinco más, y así se crea toda esta cascada de ganancias.

Primero quiero saber si entendiste este concepto de cascada de ganancias.

Primero, ganamos antes, porque vendí un Coaching, hice 77 ventas de 1.000 dólares, 77.000 dólares, empecé a entregar, hasta ahí todo bien.

Después gané durante, la primera sesión la empaqueté, hice 30 ventas de 127 dólares y todo muy bien.

De esas 30 ventas, 15 personas me contrataron todo el programa completo de 697 dólares.

La segunda sesión también lo mismo y así sucesivamente.

Déjame saber si se entiende esto de cascada de ganancias, es muy importante; si lo entendiste, si lo vas a utilizar, si vas a utilizar la cascada.

Bueno, primero vamos a hacer el botón de pago. Vamos a suponer que la primera sesión de mí Coaching Emprendedor Imparable es ventas de alto valor.

Ahora vamos a suponer que Emprendedor Imparable que vale 697 dólares y doy doce sesiones, lo que voy a ver es cuánto vale cada una de mis sesiones.

Emprendedor Imparable vale 697 dólares y son doce sesiones, cada sesión vale 58 dólares.

Ahora bien, yo no voy a vender la sesión por separado en 58 dólares, sino que lo voy a vender a lo doble, todo lo voy a multiplicar por 2.

Quiere decir que voy a vender la primera sesión en 117 dólares, vamos entonces a ponerle 117 dólares.

Pero lo que vamos a hacer es hacer una suscripción para aumentar las suscripciones y que sea más sencillo vender esto, vamos a hacer una suscripción.

Tenemos que voy a cobrar 117 dólares en dos pagos, tengo que hacerlo en dos pagos porque es lo que me pide PayPal.

Una membresía es de al menos dos pagos, si fuera un pago no es membresía, es un pago, si son dos pagos ya es membresía; 117 dólares entre 2, voy a cobrar 58.5 dólares por pago.

Vamos a mi botón de PayPal, entonces el importe de facturación de cada ciclo es de 58.5 dólares y les voy a cobrar lo mínimo.

Puede ser por día, imagínate, un día le cobro y al siguiente día también le cobro, o lo puedo diferir a una semana, que paguen al día siguiente del Webinar y una semana después el siguiente cobro.

¿Tras cuantos meses se va a parar? Dos, es lo mínimo. ¿Ves? Nada más lo primero es dos.

Entonces ellos van a recibir dos cobros de 58.5 dólares, y aquí es donde viene la magia.

Deseo ofrecer un periodo de prueba de 0 dólares y el número de días del periodo de prueba va a ser el número de días antes; dependiendo cuántos días antes está comprando este programa.

Este módulo, vamos a suponer que faltan siete días para el Webinar, entonces el periodo de prueba es de siete días; en el día ocho se le van a cobrar al día siguiente 58.5 dólares.

Vamos a suponer que el Webinar es el sábado, el domingo él va a recibir un cobro de 58.5 dólares; a menos que en el Webinar me diga: "lo que me enseñaste es basura, ya no lo quiero".

Entonces creas el botón, vamos a ver cómo queda el botón, ventas de alto valor sin costo durante los primeros siete días, después 58 dólares cada semana por dos semanas. Así es como funciona esto.

¿Qué pasa si ya faltan menos días? Todo el tiempo puedes estar editando este botón.

Ya pasó un día, le bajo aquí a seis días, le pongo "guardar cambios" y es exactamente el mismo botón, no cambia nada.

En esta ocasión me pide que, como ya me puse a ver el botón, ya quiere que lo pague, por eso me pide la dirección de correo electrónico, etc.

Ya estoy prácticamente desconectado desde aquí, incluso aquí me piden iniciar sesión; pero tú editas el botón, le vas bajando, dependiendo el número de días que faltan para que ya inicie el Webinar.

Entonces así es como funciona el Webinar invisible, los vas a invitar a un Webinar y para poder estar en el Webinar tienen que pagar y después del pago van a poder registrarse al Webinar como todos los que ya pagaron.

En el Webinar se van a dar cuenta de que tu contenido es transformacional y van a comprar tu programa completo, y al final les dices:

"Pues, esta es la sesión de ventas de alto valor, es la sesión número uno de doce de mí Coaching Emprendedor Imparable; si quieres comprar emprendedor imparable, este es el enlace de pago". Así es como funciona.

Bien, ¿cómo vender después? Vendes las grabaciones por separado, así tienes la oportunidad de vender tres veces.

"¿Cómo así, Heliosaki?"

La oportunidad de vender tres veces, la oportunidad de vender antes, si vendes todas las sesiones de uno, es decir:

"Te vendo todas las sesiones de la primera generación de Emprendedor Imparable, son 697 dólares, paga aquí". Y ya gané antes.

La posibilidad de vender durante:

"Te voy a invitar a un Webinar de ventas de alto valor"; si quieres no les digas que es grabado, tú le pones "play" a la grabación y ellos pagan el Webinar de alto valor y al final está es grabado.

Les vendes el programa completo y ellos pueden comprar el programa completo, ahí están las tres veces en que les puedes vender.

Antes que accedan a las grabaciones, durante, les vendes el Webinar.

En el Webinar además, acuérdate que se ofrecen servicios o productos y, además, la posibilidad de comprar el programa completo, así es como funciona.

¿Qué es lo que vas a vender? ¿Cuáles son tus habilidades? ¿Qué cosas haces tú mejor que nadie?

En el caso de mi primer Coaching que hice, *"Infoproductos Intensivo"*, yo no encontré a mi media naranja, sino que encontré a mis gajos de naranja

A Mario Corona, que enseñaba a escribir un libro, a Jorge Díaz, que enseñaba a crear aplicaciones móviles y a Gabriel Blanco, que enseñaba ventas automatizadas por ClickBank.

Los conseguí a ellos, fueron mis gajos de naranja y vendimos un Coaching.

O puede ser que solo requieras asociarte con una persona nada más, que tú seas Coach para bajar de peso y que te des cuenta de que requieres también una rutina de ejercicios.

Encuentras a la persona que tiene las rutinas, es tu media naranja y entre los dos venden ese resultado transformacional.

Entonces un Coaching transformacional enfocado en resultados o un resultado de transformación para las personas.

¿Qué hice en el primer programa de Coaching?

Muchos ya escucharon la historia; hice mi primera llamada, no sabía que vender, llegué a la parte de vender y les dije:

"Les voy a enseñar mi sistema para vender por medio de correo electrónico, crear Infoproductos a la velocidad de la luz y venderles todos los días estos Infoproductos, ¿suena bien para ti? ¿Sí?"

Me pagaron 1.000 dólares. Siguiente llamada, repetí lo mismo y se me ocurrió decirle:

"Además, te voy a enseñar cómo escribir un libro, subirlo a Amazon y ser un autor Best Seller".

Yo no sabía escribir un libro y ni siquiera sabía que era cierto lo de ser autor Best Seller; pero conocí a Mario Corona, que él vendía eso, se lo ofrecí, me dijeron que sí, lo compraron.

En la tercera llamada les ofrecí, además de estas dos cosas, enseñarles a hacer su primera aplicación móvil sin ser programadores; yo no sabía, pero conocía a una persona que sabía, lo ofrecí y me dijeron que sí.

A la cuarta llamada les ofrecí ventas automatizadas con ClickBank; yo no sabía, pero Gabriel Blanco sí, me dijeron que sí.

Y en la quinta llamada les dije: *"Te voy a enseñar cómo generar días de 4.000 dólares".*

Ya lo había hecho, ya llevaba 4.000 dólares con el sistema de ventas de alto valor, me dijeron que sí.

Así creé mi programa de Coaching bajo la marcha.

¿Cuánto cobrar?

Medio valor o medio alto valor, de 500 dólares a 1.000.

Alto valor, de 2.000 a 15.000, aunque realmente no hay límite.

Alto medio valor y alto, alto valor, de 2.000 a 15.000, realmente no hay límite.

¿Cómo vender el programa de Coaching?

Lo puedes vender por Webinars, todo esto lo vamos a ver a detalle; solo ahora te quiero decir lo que hay para los que ya estén accionando, lo sigan haciendo ahora con estas estrategias.

Puedes estar vendiendo por medio de Webinars, puedes estar vendiendo en transmisiones de Facebook Live.

En Webinars, Carlos hizo 200 ventas en dos Webinars de un evento de 1.000 dólares.

Transmisiones de Facebook Live, hizo más de 400 ventas para dos eventos presenciales donde asistieron 500 personas con transmisiones de Facebook Live.

Y en eventos presenciales gratuitos, cerca de 400 personas y ahí les voy a vender algo.

Conferencias, en eventos presenciales; los que lo recuerden, fui a los Maestros de Internet.

Yo no lo organicé, yo no lo llené y sin embargo, tuve ahí la oportunidad de venderlos, en estos sí los organicé yo.

Sí los llené yo y fui yo a venderlos, aquí fui invitado como conferencista y pude vender allí.

Sesiones estratégicas, que es precisamente este sistema de ventas de alto valor, lo vamos a ver en la siguiente sesión.

Tú te vas a citar con las personas, les vas a dar una sesión estratégica y al final les vas a vender.

Marketing de Gorila, que es vender por medio de chat de Messenger, lo vamos a ver en otra de las sesiones, es otra estrategia que puedes utilizar para vender.

Con un lanzamiento, que ahora yo soy Máster en lanzamientos y te puedo enseñar y ayudar; en un lanzamiento puedes vender un programa de alto valor.

¿Cómo atraer prospectos? ¿Cómo atraigo prospectos?

Con Email Marketing, con WhatsApp Marketing, si aún no tienes lista de WhatsApp, comienza a crearla.

Con campañas publicitarias les puedes vender, o en afiliados. Puedes conseguir afiliados y que programen tu programa de ventas de alto valor.

Solo se usa Ads en el mercado, que es pagarle a alguien por la oportunidad de enviar un correo a su lista y que vendan.

Y el ejercicio ahora es que crees tu programa de Coaching; tienes que crear tu programa de Coaching.

Es la tarea que hay que hacer, ya te dije cómo creé yo mi primer programa de Coaching y es muy sencillo.

Ya te lo dije, ideal un mes, cinco sesiones. Define cinco pasos en los cuales puedes darles el resultado transformacional a las personas y entrega esos cinco pasos en un Webinar, en un Hangout; y así es como funciona la cosa.

CAPÍTULO V. EL EMBUDO DE 3 PASOS

Es primero la carta de ayuda, después sigue el formulario de ayuda y después la agenda, que ustedes puedan agendar una cita.

Es opcional lo de la agenda porque dentro del formulario de ayuda van a poder tener los datos de las personas.

Pero si quieren elevar su negocio, si quieren perder menos prospectos, les recomiendo utilizar la agenda; la agenda para llamada de ayuda.

Como hablamos en la sesión anterior todo se trata de ayudar, se trata de ayudar a las personas, no se trata de quitarles el dinero.

Para eso tenemos una carta de ayuda donde se la ofrecemos; después tenemos un formulario de ayuda, donde ellos pueden pedir la ayuda y después una agenda.

En esta agenda se anota su llamada de ayuda y, una vez que agendamos, los tenemos en este Script para 'llamada de ayuda,"

Que hoy se los voy a entregar, hoy lo vamos a ver a profundidad.

Paso 1. La Carta de Ayuda

Promesa

Bueno, pues la carta de ayuda comienza con una promesa y aquí es donde ustedes prometen que es en lo que pueden ayudar a las personas.

Aquí estamos tenemos un ejemplo de una de mis estudiantes dice:

"¿Te gustaría que te ayudara personalmente a creer en ti y en tus capacidades y que eres merecedor de una vida feliz?"

Otros casos de "promesa" serían:

"¿Te gustaría que te ayudará a reprogramar tu mente para que tengas los resultados que siempre has deseado tener?"

"¿Te gustaría que te ayudara a encontrar cuáles son esos obstáculos que te están impidiendo lograr la vida que deseas?"

"¿Te gustaría que te ayudara a emprender con ayuda de toda tu familia, que sean y lograr una mayor integridad al trabajar juntos en el negocio, así como en la vida?"

"¿Te gustaría que te ayudara a encontrar la casa de tus sueños lo más rápido posible y al menor precio? ¿Te gustaría que te ayudara a vender tu casa al mejor precio, lo antes posible?"

"¿Te gustaría que te ayudara a eliminar los miedos para hablar en público y finalmente transmitir ese mensaje importante que tienes para las personas?"

"¿Te gustaría que te enseñara a sintetizar la información de todo un libro en una sola página para que lo puedas ver de golpe y tengas la información a tu mano, fresca?"

Entonces, encabezado con gran promesa. Es lo que le va a llamar la atención a las personas, si hace sentido para ellos, si no es algo que buscan.

Si es alguien que quiere vender su casa y ve: *"¿te gustaría que te ayudara a eliminar tus miedos para poder hablar en público?"*

Pues va a seguir de largo, ¡chao! Y qué bueno, ¿no? porque no queremos hablar y perder el tiempo.

Imagínate agendar una hora de llamada con alguien que lo que quiere es vender su casa y nosotros no.

Para empezar, no utilizamos esa hora para alguien que si pudiera querer lo que nosotros vendemos y además, vamos a estar hablando una hora con alguien que no queremos.

Quiero que veas que todo ese sistema se trata de eso, de repeler a las personas que no son nuestro "cliente ideal". Queremos tener a nuestro cliente ideal al teléfono y de eso se trata todo.

Resultados de tus clientes para que las personas tengan confianza en acercarse a ti, que sepan que tú ya has dado resultados a otras personas.

Primero te presentas:

"Del escritorio de Rosa Reina. Ubicación, Lima Perú."

A continuación, "la gran clase".

Si puedes, si te da tiempo, te voy a recomendar esto, bueno no es recomendación ¡hazlo!

Saca una hoja de papel, saca un cuaderno o una hoja, una pluma o un lápiz, lo que quieras, y ponte a escribir tu carta de ayuda.

Es lo mejor que podemos hacer, vamos a escribir nuestra carta RGR, ventas de productos físicos, en Network Marketing:

"¿Te gustaría que te ayudara personalmente a conseguir prospectos para tu oportunidad de mercadeo en red?"

"¿Te gustaría que te ayudara personalmente a lograr que las personas te persigan para que les presentes tu oportunidad en lugar de tú tener que perseguir a las personas?"

"¿Te gustaría que te ayudara personalmente a hacer crecer una organización gigantesca de mercadeo en red y por todo el mundo y no nada más tu cuadra?"

Bueno, pues escribe tu encabezado, ya te di diez ejemplos.

Escribe tu encabezado con gran promesa tal cual, si así lo deseas, hasta personalmente:

"¿Te gustaría que te ayudara personalmente a...?" y a continuación, en lo que vas a ayudar personalmente a las personas.

Listo.

Resultados de tus clientes

Aquí puedes poner de 2 a 5 resultados que has dado a las personas.

Un ejemplo de resultados recientes sería:

"Mi comadre Chonita tenía bloqueos mentales relacionados con las deudas. Debido a que de chica su papá cayó en depresión por tener deudas; entonces ella repetía el patrón en su vida. Hasta que tuvo una sesión conmigo.

Identificamos el bloqueo, lo tapamos o lo eliminamos y ahora vive una vida plena, feliz, sin deudas".

Otro ejemplo:

"Mi clienta Joaquina vivía en depresión porque se murió el sobrino de la vecina de su tía. Entonces, trabajando conmigo, después de 5 semanas de terapia logré sacarla de la depresión. Ahora vive una vida plena, feliz, sin depresiones; gracias a mi sistema **Sal De La Depresión Ya**.*"*

Aquí todavía no hables del producto, aquí todavía no existe el producto; lo reemplazamos con "gracias a trabajar conmigo".

"Mi clienta, Domitila, necesitaba vender su propiedad lo antes posible, tenía tres pagos atrasados. Se acercó a mí, implementé rápidamente un plan de marketing de 90 días; y el día 3 logré vender la propiedad un 30% de lo que ella quería y pudo salir del problema que tenía y ahora es millonaria. Gracias a que eso cambió su vida."

"Mi cliente Juan, tenía conocimientos muy valiosos sobre medicina alternativa, pero le daba pánico hablar en público. Estuvo trabajando conmigo durante 4 semanas, ahora es conferencista exitoso que viaja por el mundo llevando su mensaje de medicina alternativa a todas partes del mundo; salvando e impactando vidas y eso es gracias a que trabajó conmigo."

Comienza a escribir los resultados de tus clientes.

¿Y si no has tenido resultados con clientes?

Por ejemplo, alguien que esté en una oportunidad de mercadeo en redes acaba de entrar, aún no tiene resultados puede poner el ejemplo de que esa oportunidad de mercadeo en red ha repartido un billón de dólares en los 6 meses que lleva operando y su patrocinador está ganando 300.000 dólares al mes con esta oportunidad de mercadeo en red y el producto de esta oportunidad de mercadeo en red ha salvado a más de 1000 personas de cáncer terminal, etc.

O simplemente lo que vas a enseñar:

"La Programación Neurolingüística, ha hecho que personas desahuciadas se reprogramen y ahora vivan felices. Ha sacado a personas con fobias de su problema con esta estrategia".

"¿Sabías que la industria de negocios por Internet está creciendo a un 80%, a un 35% anual? Quiere decir que cada dos años se duplican los ingresos por Internet".

Quizá estás diciendo: *"Desde ayer soy Coach y no he tenido mi primer cliente".* Pero quizá como "no Coach" has dado consejos, has ayudado a personas.

Si estás deseando ser Coach de algo es porque seguramente te apasiona ese algo.

Cuando algo te apasiona lo estabas haciendo o lo haces de manera informal y haciéndolo de manera informal has aconsejado, pues has dado Coaching.

No sabías que eras Coaching, pero estabas dándole Coaching a alguien, estabas ayudando a las personas, quizá desde ayer tienes tu título.

Pero por ejemplo, Andrés, ahora ayuda a las personas a ganar dinero por internet, pero ya en algunas ocasiones le ha configurado un blog a alguien, le ha dicho a alguien dónde ver su cuenta en Clickbank; ahora él ya sabe vender en Clickbank.

Le ha mostrado el camino a alguien en algo, relacionado con lo que ahora quieres aprender.

Por otro lado, Alfredo Cabrera a lo mejor va a hacer Coach de bolsa de valores y formalmente no ha vendido un Coaching; pero me ayudó a mí a abrir mi cuenta, me ayudó a hacer transacciones.

Ha ayudado a cientos de personas, a colocar los iniciadores, etcétera; instalar la plataforma, abrir cuentas, todo eso lo pueden poner. Es posible impactar a muchas personas sin ser Coach.

Uno de mis alumnos dijo en una sesión: *"Mi amigo Eduardo dejó su trabajo para emplear en su negocio tradicional. Invirtió esos ahorros y lo perdió todo. Buscó mi ayuda, implementó mi Coaching,* **Las 7 Formas de Invertir** *y regresó todo a la normalidad".*

Estas ideas las puedes dejar tal cual, pero si no son tus palabras, si no es como hablarías, lo modificas sin perder la idea.

Sigues la redacción de la carta con:

"Quizá te estés preguntando cómo es que estas personas normales lograron estos resultados".

Sin perder la idea, con tus propias palabras, pero sin perder la idea:

"Y la respuesta es que lo hicieron posible con un modelo probado y replicable".

"La única pregunta que tengo para hacerte es o lo que me resta ahora preguntarte es: ¿quieres lograr tus metas este mismo año?"

O si lo quieres hacer más específico, muy, muy específico, si hablaste de depresión:

"¿Quieres salir de depresión este mismo año?"

Si lo tuyo fue muy general, pues tiene que ser acoplado a lo que dices, aquí puedes decir:

"¿Quieres lograr tus metas este mismo año?"

Porque hablas sobre lograr todo lo que quiere en la vida. Entonces tú aquí debes ser específico.

"Lo único que quiero ahora es hacerte una pregunta, ¿quieres realmente reprogramar tu mente para el éxito?"

"Lo único que quiero preguntarte ahora es ¿quieres realmente trabajar con tu familia e integrarse más?"

"Lo único que quiero preguntarte ahora es ¿quieres realmente vender tu casa al mejor precio y en tiempo récord?"

"Lo único que tengo para preguntarte es ¿quieres romper los miedos que evitan que puedas hablar en público? ¿O quieres que dentro de un mes puedas estar en plataforma ante más de 5000 personas y no tener miedo?"

"Si la contestación es sí, me encantaría ayudarte a que tengas este tipo de resultados y lo quiero hacer completamente gratis".

"Si tu respuesta fue un rotundo sí, quiero ayudarte a que tengas estos resultados y lo voy a hacer completamente gratis para ti".

"Si respondiste que sí me encantaría ayudarte a que logres estos resultados y lo voy a hacer completamente gratis".

Escríbelo y pasamos a la siguiente parte.

Un resultado en algo no significa que ahora seas multimillonario, un resultado en algo, si es que lo tuyo es de dinero o si estás ayudando a alguien a hablar en público, un resultado no significa que ahora seas Anthony Robbins.

O que estés frente a diez mil personas, un resultado es que ya hayas iniciado.

Identifica los pequeños pasos de bebés, si el resultado transformacional que tú das son diez pasos de bebé; pero has logrado que la persona dé tres, ¡ese es un resultado!

Es un resultado en cierto momento.

Si por ejemplo, enseñaras a las personas a invertir en la bolsa de valores, lo que va a hacer es enseñar a las personas a invertir en la bolsa de valores para que transformen 1000 dólares en un millón de dólares.

Si las personas a las cuales has ayudado formal o informalmente no han llegado al millón de dólares, pero has logrado que instalen la plataforma de inversión o has logrado que las personas comiencen a operar su cuenta demo o que alguien tenga operaciones en tiempo real y esté teniendo siete transacciones buenas de cada diez o quizá has logrado que alguien haya incrementado su portafolio en un 30% durante tres meses, eso ya son resultados.

No es el resultado que prometiste de un millón de dólares, pero ya has logrado resultados.

Diagnosticar

Aquí vamos a diagnosticar a las personas.

¿Te acuerdas de que vamos al doctor únicamente cuando ya estamos mal? Si fuéramos con los síntomas sería genial.

Cuando ya me empiezo a sentir un poco el cuerpo cortado, me empieza a arder un poco la garganta.

Pero no vamos al doctor sino hasta que ya estamos completamente con la gripe y aquí vamos a encontrar esos síntomas.

Si quieres aquí déjalo tal cual o cámbiale muy poco; ahora mismo, lo más probable es que estés estancado en una de estas dos a cinco cosas, lo que tú creas.

Entre más es mejor, pero si no puedes poner muchas, pon al menos dos:

"Quizás ahora mismo te encuentras varado, estancado, en cualquiera de estas dos, tres, cuatro o cinco cosas..."

"¿Tienes miedos que te paralizan al accionar la búsqueda de lo que te mereces y te corresponde por ley o no te la crees lo grande y poderoso que eres?"

"¿Cuál de estos problemas resuena más contigo? La buena noticia es que sea lo que sea yo te puedo ayudar, yo te puedo crear un plan para ayudarte a hacerlo realidad".

Entonces sería algo así:

"Quizás ahora te encuentras estancado en cualquiera de estas dos cosas, no sabes cómo salir de depresión y no sabes cómo quitar los bloqueos mentales que te están deteniendo".

"No sabes cómo reprogramar tu mente para el éxito y no sabes cómo reprogramar tu mente para ver la abundancia que nunca has tenido".

"No sabes en qué emprender y cómo hacerlo con tu familia. No sabes cómo tu familia podría ser tu socio en algún emprendimiento que ya has intentado hacer con otras personas desconocidas".

"No sabes cuál es el precio de tu casa, el precio justo de tu casa y cómo venderla rápidamente; cómo encontrar un mercado de compradores gigantesco donde quisieran arrebatarte tu casa".

"No sabes cómo hablar en público, te da miedo hacerlo o piensas que tu timbre de voz es un problema y nadie te va a escuchar porque no puedes gritar".

"¿Cuáles de esos problemas resuena más contigo? ¿Cuál de estas cosas hace más sentido contigo?"

"La buena noticia es que sea cual sea yo puedo ayudarte a hacerlo. Yo puedo ayudarte a crear un plan para hacerlo realidad".

Escríbelo, diagnostica, tira de dos a cinco cosas con las cuales las personas se identifiquen.

Si son más, es mejor, porque si no se identifican con una, con otra sí. Quizá pusiste dos y con una tercera que hubieses puesto, con esa logras engancharlo.

Son múltiples ángulos aquí para que alguien se identifique. Entonces, tres es mejor que dos, cuatro es mejor que tres, cinco es mejor que cuatro.

Ofrece la Ayuda Gratis

Bueno, vamos avanzando.

La siguiente parte es cómo ofrecer tu ayuda gratis en grande, en un encabezado gigantesco.

"Así es como recibes mi ayuda gratis", *"así es como te puedo ayudar de manera gratuita"*, etc.

Colocas en la carta:

"Hemos programado un tiempo para hablar contigo en esta misma semana, podría ser que hoy mismo esté en una llamada contigo".

Tú decides si hablas aquí, singular o plural.

"He destinado una fracción de tiempo para hablar contigo, pudiera ser que esta misma semana esté frente al teléfono contigo, incluso pudiera ser que hoy mismo podamos hablar.

En esta llamada te presentaré el plan para ayudarte a resolver cualquiera de las dos."

Si pusiste dos, tres cuatro o cinco cosas arriba mencionadas, no tiene caso repetirlas, nada más decirle que "en esta llamada te presentaré el plan".

Ellos saben aquí que van a recibir tu ayuda:

"Para llevarte a resolver cualquiera de las cinco cosas arriba mencionadas, este plan te permitirá…"

¿Cuál es tu gran promesa?

Puede ser reprogramarte mentalmente en tiempo récord, lograr romper todas las barreras limitantes, vender tu casa en tiempo récord y al mejor precio, 10% más de lo que pensabas venderla, romper tu miedo de hablar en un público y estar en plataforma en el siguiente mes; si es que en el siguiente mes tuvieras algún evento, etc.

Aquí está una promesa de velocidad, si tu Coaching es de un mes, diles que en un mes van a lograr tal cosa.

Si tu Coaching es de dos meses, diles que en dos meses van a lograr lo que están buscando lograr.

Si tu Coaching es de tres meses, diles que en tres meses; si tu Coaching es de un año, diles que en un año:

"En este mes siguiente podrías estar logrando lo que no has podido lograr."

"En los próximos tres meses podrías estar ya hablando fluidamente en público ante más de cinco mil personas, sin que se te mueva un músculo de miedo."

Es una gran promesa y la pones en negrita: *"Pero después de haber ayudado a mis clientes a: salir de depresión y lograr la vida de sus sueños me siento cómodo haciéndolo".*

Aquí estás haciendo que ellos tengan confianza en que tú lo vas a hacer para ellos porque lo has hecho para muchísimas personas.

Recapitulas y vuelves a lo del plan:

"El plan que diseñaremos juntos será simple, claro y fácil de seguir".

Aquí les das más confianza:

"Mi sistema funciona y yo sé que si trabajamos juntos te va a funcionar a ti."

"Yo sé que si trabajamos juntos va a hacer que puedas hablar en público."

"Yo sé vas a lograr generar ingreso por internet."

"Yo sé que si trabajamos juntos vas a aprender a invertir de manera exitosa en la bolsa de New York."

"Yo sé que si trabajamos juntos vas a aprender a vender tu casa en tiempo récord."

"Yo sé que si trabajamos juntos vas a lograr el resultado que quieres lograr."

Que no se te olvide la escasez, si no hay escasez ellos lo van a hacer dentro de 10 años.

Luego segmentas tu carta de ayuda de la siguiente forma:

"Si bien publiqué ese libro para que todos mis suscriptores y contactos de Facebook lo tengan. Si bien lo publiqué para que muchos lo lean, esto no es para todos".

Aquí es "repeler" para no terminar hablando con quien te cae mal. ¿Por qué trabajar con quien te cae mal?

Después, en gigante, describe a tu cliente ideal:

"¿Tienes la firme la intención de alcanzar absolutamente todo lo que te propongas?"

"¿Tienes a lo mejor otro concepto de ti mismo, deseas sonreírle a la vida y disfrutar de ella desde donde estés parado?"

"¿Estás listo para cambiar tu vida y reclamar la abundancia que mereces y que está ahí para ti?"

Tú vas a poner:

"Este es el tipo de persona a las que puedo ayudar, ¿estás dispuesto a invertir el tiempo que se requiere para aprender a invertir en la bolsa de valores de New York?"

"¿Tienes dinero que puedes destinar para esto que no ponga en riesgo la seguridad de tu familia?"

"¿Eres tolerante al riesgo? ¿Eres una persona que no se pone excusas?"

"¿Eres una persona que realmente quiere lograr lo que desea?"

"¿Estás dispuesto a trabajar los ejercicios que se requieren para poder salir de deudas?"

"¿Estás dispuesto a hacer la rutina que se requieren todos los días para programarte para el éxito?"

"¿Estás dispuesto a hacer todos los ejercicios que se requieren para hablar en público?"

"¿Estás dispuesto a tomar acción masiva imperfecta?"

"¿Eres una persona que no culpa a otros por los resultados, una persona viciosa, una persona que quiere realmente conseguir algo?"

Lo ideal es que pongas cuatro tipos de persona a las que quieres ayudar.

Si quieres desde aquí mismo ver si va a poder invertir o no, no le pongas cantidad, pero ponle:

"¿Estás dispuesto a invertir en tu educación?"

"¿Estás dispuesto a invertir en ti, en tus resultados?"

"¿Estás dispuesto a trabajar duro? ¿Estás dispuesto a tomar acción? ¿Estás dispuesto a dejar las excusas a un lado?"

"¿Eres una persona de acción, una persona emprendedora, una persona que no se rinde?"

"¿Estás dispuesto a dar un porcentaje a cambio de que vendamos tu propiedad lo más rápido posible y en el menor precio posible?"

"¿Estás dispuesto a invertir en marketing para promover tu propiedad? ¿Estás dispuesto a negociar el precio de tu propiedad?"

"¿Estás dispuesto a vender tu propiedad a un precio justo y de mercado y no a lo que tú quieras?"

Etc.

Esa es la mentalidad que se debe de tener en esto, si estás vendiendo algo que no es tuyo, por ejemplo un programa de Tonny Robbins, haces la carta de ayuda y al final le dices:

"Perfecto, lo que tengo para ti es un evento que se llama Saca el Poder Ilimitado Que Hay En Ti; va a ser en la ciudad de Los Ángeles, California. La inversión es de 10.000 dólares y dura

una semana y vas a caminar sobre el fuego, te vas a quitar tus miedos, te van a exorcizar y vas a ser la persona que siempre has deseado ser."

Formulario de Ayuda y Llamado a la acción

Aquí es donde integras la segunda parte de tu carta de ayuda, que es el formulario de ayuda y la agenda.

Paso 1. Mándalos al formulario que se encuentra debajo

"Solo quiero saber si estás dispuesto a dar ese kilómetro extra que se necesita para convertirte en la persona que necesites ser, para lograr aquello que estás buscando en la vida".

"Solo personas que quieran cambiar su vida, usa el siguiente formulario para aplicar a una sesión gratuita con Rosa Reina."

"Paso 1, llena el formulario y qué quieres poder de ayuda, que se encuentra debajo".

"Solo quiero saber si estás serio con esto y si realmente quieres ser un inversionista exitoso en la bolsa de valores, solamente personas que quieran aprender a invertir en bolsa de valores".

"Usa el siguiente formulario para aplicar a una sesión gratuita conmigo."

Entonces, llamado a la acción de dos pasos: paso 1 llena el formulario que se encuentra debajo y una pequeña justificación de por qué llenar el formulario que se encuentra debajo.

"Solo quiero saber si estás serio, solamente quiero saber si vas a tomar acción y esto me demuestra que sí lo vas a hacer".

"Solo quiero saber si realmente quieres vender tu propiedad. Solamente quiero saber si realmente quieres emprender en familia, reprogramarte mentalmente, romper esas barreras, obstáculos, todo".

"Solo quiero saber si realmente quieres aprender a hacer mapas mentales en tiempo récord, todo. Solo quiero saber si realmente quieres tener una consulta conmigo", etc.

Paso 2. "Aquí está el formulario de ayuda"

Y les das acceso a un formulario.

Define cuál es el objetivo del formulario de ayuda.

¿Cuáles son las tres partes importantes del formulario de ayuda?

Conseguir los datos de la persona:

Y esto es totalmente personalizable.

Tú le puedes pedir aquí hasta su acta de defunción, le puedes pedir nombre, apellido, correo electrónico, su WhatsApp, Skype, Facebook, todo lo que quieras para poder localizarlo.

El formulario dirá: *"¿Cómo te contacto?"*

Si nada más te dejaran su correo, es muy difícil enviarles un correo, hacer que lo vean, que te respondan, ponerse de acuerdo, etc. Cuanta más información le pidas, mejor.

Si piensas: *"Heliosaki, pero es que si le pido tantas cosas le va a dar flojera ponerlos y entonces no me va a ver".*

Pues mejor, si no está dispuesto a tomar acción llenando unos cuantos campos, no está dispuesto a tener la llamada contigo y tampoco a trabajar contigo.

Obtener información previa de la persona:

Después de la información de contacto, siguen preguntas de información:

¿Cómo te ves dentro de un año?

Esta pregunta es mágica, es pura magia que sepas de antemano, antes de la llamada, ¿cómo se ven ellos en un año y cuál es el resultado que ellos quieren?

¿Para qué?

Para que desde que inicie la llamada, tú le estés hablando siempre de eso, aunque se lo vas a preguntar, pero tú siempre lo tienes en mente.

Ten a mano toda esta información, léela, estúdiala antes de la llamada, estás conociendo a la persona.

Saber si la persona tiene dinero para invertir contigo:

Estamos ofreciendo ayuda, sí, pero no somos la madre Teresa de Calcuta, necesitamos que ellos inviertan en nuestra ayuda.

Así que la primera parte es saber si tienen recursos para lo que sea.

"¿Tienen recursos financieros para invertir en la bolsa de valores de New York?"

"¿Tienen recursos financieros para invertir en tu crecimiento personal?"

"¿Tienen recursos financieros para promover tu propiedad?"

"¿Tienen recursos financieros para las herramientas que se requieren para que puedas bajar de peso?"

"¿Tienen recursos financieros para lo que sea?"

Entonces, primero les preguntas: *"¿Tienes los recursos financieros?"*

La segunda pregunta es: *"¿Tienes acceso a ellos?"*

Y por último esta: *"¿No cuentas con ningún recurso financiero en absoluto para invertir en la bolsa de valores de Nueva York, para salir de depresión, de deudas?"*, etc.

¿Qué pasa aquí? La persona que pone lo primero es ideal o es mejor que la persona que pone lo segundo y obviamente no querrás hacer la llamada a la que pone lo último a menos que sea por una buena razón.

Te voy a dar buenas razones más adelante, pero más valioso, ponle tres puntos a quién pone que no tiene los recursos.

Vamos con la siguiente pregunta.

Aquí vas a hacer una pregunta lateral con el monto que ellos requieren invertir en tu programa.

Si tu programa es de 500 dólares, no le vas a decir: *"¿Estarías dispuesto a invertir 500 dólares en un programa que te diga Cómo Reprogramarte Mentalmente Para el Éxito?"*

No.

Tampoco le vas a decir: *"¿Estarías dispuesto a invertir 500 dólares en un sistema para hablar en público, sin miedo?"*

No.

Le vas a hacer una pregunta lateral, una pregunta que no tiene nada que ver; que no le haga sospechar que tu producto vale 500, vale 1000 o vale 3000, sino que es una pregunta lateral.

"Si alguien te aconsejara invertir 500 dólares en tu crecimiento personal..."

O si lo que vendes es bajar de peso con PNL le preguntarías:

"¿Si alguien te aconsejara invertir 500 dólares en suplementos alimenticios tú...?

"¿Si alguien te aconsejara invertir 500 dólares en aparatos para bajar de peso tú...?

"¿Si alguien te aconsejara invertir 500 dólares en un sistema electrónico para ayudarte a quemar calorías, tú...?

Y luego le vas a poner:

Opción 1: *"Sé que invertir en aparatos electrónicos es lo que se requiere para lograr bajar de peso."*

Opción 2: *"Me sentiría un poco intimidado; pero lo haría si estuviera seguro de que ese aparato me va a permitir lograr mi peso ideal."*

Opción 3: *"Lo evitaría a toda costa porque quiero hacer las cosas lo más barato posible."*

Nota: como aquí también le vas a dar tres puntos a la persona que está completamente consciente y sabe que es normal invertir en algo, para lograr algo.

Le das dos puntos con los que se siente intimidado, pero que si sabe que con eso sí lo va a lograr, si lo haría.

Y un punto a la persona que ni loco invertiría, que quiere lograr el resultado, que quiere ser millonario si invertir; que quiere curarse de cáncer sin mover un dedo, sin invertir.

O que quiere vender su propiedad y que se venda sola; sin siquiera poner una pancarta, que quiere hacer un negocio familiar y que se haga solo, sin invertir.

Entonces, tres, dos uno; tres, dos, uno.

¿Y qué pasa? Si en esta pregunta tuviéramos esta respuesta de 3 puntos cada una, ¿cuántos puntos tenemos? 6.

Entonces tenemos tres, dos, uno y tres, dos, uno. ¿Dónde podría escribir yo aquí?

Entonces, tú te vas a dar cuenta de la ruta; pero dependiendo de lo que te pongan.

Si te ponen respuestas de 3 puntos, pues es lo mejor que puede haber y ese tipo de personas; aquí vas a calificar o vas a rankear a las personas.

Ejemplo:

Celia puso que en la respuesta uno y la respuesta uno tiene 6 puntos.

Si Candy puso la respuesta dos aquí y la respuesta uno aquí, Candy tiene tres puntos.

Si Alfredo Cabrera puso la respuesta tres aquí y la respuesta uno acá, tiene 4 puntos.

Si Alfredo Ramos puso la uno y la uno aquí, tiene 2 puntos.

Entonces ¿con quién voy a hablar primero? Con Celia y después voy a hablar con Alfredo Cabrera.

Si tengo muchos 6 y 5, pues hablo nada más con ellos.

Al principio mis llamadas van a ser de una hora, entonces voy a atender tres personas al día y voy a trabajar de Lunes a Viernes; 15 personas a la semana, 60 personas al mes y, si tengo 60 personas de estas, jamás voy a hablar con estos.

Pero si mi horario es de 60 y tengo 20 de estos y me permite hablar con estos, pues ni modo, voy a hablar con esos.

Si vendes algo de 1.000 dólares y no hablas con nadie, lo que puedes ganar es 0 dólares. Mil por cero, cero.

Si vendes algo de 1.000 dólares y hablas con alguien, hay probabilidades de ganar 1.000 dólares en esa llamada, aunque haya sido fatídico lo que puso, hay probabilidades de que logres una venta ahí.

Tú ten en cuenta cuánto tiempo puedes hablar y no te preocupes, quizás ahora estés con mente de escasez de prospectos. Vamos a ver estrategias que te va a permitir tener una gigantesca cantidad de prospectos.

Así que vas a privilegiar los 6 y 5. Quizás pienses: *"pero Heliosaki todos son importantes, qué tal si pongo a alguien a que haga llamadas de las personas no calificadas".*

Pues si no te va a cobrar, si no le vas a pagar, si no es un call center, adelante.

Si quieres que hagan llamadas de personas no calificadas y les pagas una comisión pues, hazlo. O si quieres darles esa oportunidad de perderlos a hablarles; pues dale las llamadas a ese alguien más y que las haga.

Yo te recomendaría que pienses qué es lo más adecuado. Dejar prospectos en el tintero, si no los puedes atender o que alguien te los atienda, etcétera.

Bueno, seguiremos si les hace sentido lo que acabo de decir y ya vieron qué tan importante es el formulario de ayuda.

Lo que hice en un momento dado, en el sistema fue a hablar con todos.

Porque lo que quería era lograr la maestría en ventas, quería practicar mi oferta irresistible y lo que hice fue hablar con todos.

Hasta llegar a mí oferta irresistible hasta lograr la maestría en ventas.

La Agenda de la Llamada de Ayuda

Bueno, siguiente paso del embudo de tres pasos es la agenda para llamada de ayuda y esto se hace en la misma carta de ayuda.

Dijimos que les ibas a pedir dos pasos. Paso 1, "llena el formulario que se encuentra debajo" y paso 2, "agenda una cita para llamada de ayuda."

Esta llamada será de 30 a 60 minutos y será el mejor tiempo que inviertas en tu vida.

Para eso mi software "agenda cita" tiene este sistema de calendario, donde tú puedes decir con cuantas personas puedes hablar.

Tú eliges cuantos bloques puedes agendar de tu tiempo y ellos van a agendar el tiempo, lo importante aquí es que tú vas a aceptar o no la llamada.

Pero vamos a terminar con la carta de ayuda.

La última parte es "la urgencia".

Si no hay urgencia, van a leer la carta de ayuda y van a pensar: *"en diciembre voy a estar más tranquilo, ya voy a estar de vacaciones y pido la ayuda, hago la llamada."*

"Mejor en 2018, ese sí va a ser mi año, el año del dragón o de lo que sea, ese año la voy a romper, ese año pido mi llamada".

No.

La persona que vea tu carta de ayuda tiene que agendar en ese momento, entonces vas a poner:

"ADVERTENCIA, el tiempo es un factor importante, como mi tiempo es limitado, solo puedo hacer la llamada con un número limitado de personas, así que solo llena el formulario y agenda la cita si sientes que realmente esta oportunidad es para ti.

Por tu éxito, Helio Laguna."

Añade una advertencia:

"Estoy recibiendo decenas de formularios", "estoy recibiendo decenas de citas, "ten paciencia si tarda un poco en agendar tu cita, "ten paciencia si tarda un poco en aprobar tu cita, ten paciencia si tardas un poco en recibir mi llamada".

Entonces, no dejes esto para que libremente vean si algún día agendan, demuéstrales escasez.

"ADVERTENCIA, solo tengo disponibles 12 bloques de llamadas, así que agenda tu bloque de llamada lo más rápido posible. Hazlo solo si sientes que realmente esto es para ti"

"Hazlo solo si realmente quieres salir de deudas, hazlo todo si realmente quieres."

Paso 3. Utilizar el Script de la Llamada

Bueno, ¿qué pasaría una vez que alguien leyó toda la carta?

¿Una vez que alguien llenó todo el formulario?

¿Una vez que alguien llenó su agenda?

¿Una vez que aprobaste su agenda?

Vas a tener la llamada y vas a utilizar el script de llamada de ayuda.

Te he dado un sistema de ventas de alto valor, eso es lo valioso de cuando tú compras una capacitación en ventas de alto valor, que te den un sistema, que te den una ruta.

Tomas el embudo, sabes que es una carta de ayuda, un formulario de ayuda y un calendario de ayuda.

Ahora ya lo tienes claro, ahora así lo vas a hacer y ya tienes una ruta

Muchas personas no tienen una ruta, no saben lo que pueden hacer, sin embargo, se pueden lograr más combinaciones, hay expertos que recomiendan otras cosas.

Lo valioso entonces, repito, cuando tú contratas un Coaching de ventas de alto valor, es que les des una ruta y ellos no tengan que estar experimentando.

Sin embargo, como en todo, puede haber varias rutas.

Si nos vamos un poco a la historia, ¿viste el Lobo de Wall Street?

Fue una persona que comenzó a hacer ventas de muy alto valor, prácticamente quitarle los ahorros de toda la vida a las personas para invertir en acciones que no eran las mejores.

Acciones que nadie quería, en empresas que quizá no era seguro que fueran a tener el éxito.

Entonces digamos que él fue el creador de este sistema de ventas de alto valor, él tenía en su mente el script. Lo hacía, no necesitaba leerlo, él lo sabía, él lo vivía y lograba ventas.

Hacer que las personas invirtieran 100.000 dólares o 1.000.000 de dólares, lo que fuera, en cosas que ni siquiera eran seguras, pero todo era por medio de su persuasión.

Pudo hacer que personas sin resultados, prácticamente fracasados o tontos, o cualquier persona lograra ventas; lo logro cuando puso por escrito qué preguntas hacer.

A lo mejor ni siquiera les explico la psicología de tal o cual pregunta, pero pudo hacer que lograran resultados, pudo hacer que cualquier persona lograra resultados, entonces eso logró Jordan Belfort.

Y Kevin, una persona que profesionalizó todo esto de las ventas de alto valor, ya para realmente ayudar a las personas.

Y el embudo que les he recomendado: carta de ayuda, formulario de ayuda, agendar la ayuda y el script; es de esta persona que, Kevin profesionalizó todo esto. Lo enseñó a Frank, Frank fue el máximo difusor.

Hay muchas personas que inventan algo, pero hay muchas personas que tienen la enorme capacidad de difundir ese algo y Frank es una de ellas.

Frank fue el máximo difusor, promotor, divulgador de las ventas de alto valor.

Sin embargo, hay por ahí otros Coachings que recomiendan metodologías; yo te digo, te acabo de dar la mejor, ya te conté la historia.

Pero te voy a dar como obsequio, si es que les interesa, qué otras opciones puedes utilizar.

Para aquellos que les encanta jugar. Yo soy una de esas personas, me dicen cómo hacer algo y siempre en mi mente está cómo modificar ese algo a ver si funciona mejor.

Cómo jugar con todos estos elementos, cómo jugar con su agenda- cita y hacer cosas increíbles, cosas fuera de este planeta.

Tan solo esto, tan solo esto vale, esto no te lo va a enseñar nadie, tan solo esto vale diez veces lo que hayas invertido en este libro.

CAPÍTULO VI.

OPCIONES DE EMBUDOS

Aquí hay múltiples opciones para crear tu embudo.

Opción A, ya lo vimos.

Carta ayuda, formulario de ayuda, agenda de ayuda y después podemos mandarlos a ver un caso de estudio.

Ahora bien, quiero confesarte algo; en algunas ocasiones no utilicé la carta de ayuda.

Por ejemplo, cuando envío un correo electrónico, mi correo electrónico es como si fuera mi carta de ayuda y en algunas ocasiones de mi correo electrónico los envío a que llenen el formulario de ayuda.

Sobre todo cuando estás haciendo una promoción de algo, estás vendiendo un Coaching, lo estás vendiendo todos los días por correo electrónico.

Pues ya lo mandaste en el correo uno a ver la carta de ayuda, quizás en el correo dos también.

"Por si no lo has visto, esta es la carta de ayuda", en el correo tres la carta de ayuda.

Como que volverlos a mandar a la carta de ayuda, pudiera ser que ya no quieran seguir.

Entonces en ocasiones los envío directamente al formulario de ayuda o en ocasiones, que tengo tiempo para hablar con cualquiera, los envío directamente a la agenda de ayuda.

¿Qué es un caso de estudio?

Vamos a ver qué es un caso de estudio.

Algunos Coaches recomiendan, en lugar de la carta de ayuda o como alternativa a la carta de ayuda; hacer un caso de estudio.

Esto quiere decir que una persona que esté, ya sea en una entrevista o en algo, vendiendo tu Coaching.

Es el testimonio de una persona o es una pequeña historia de una persona, donde esté hablando de cómo tu Coaching le cambió la vida.

No es una carta de ayuda, pero es una persona que has ayudado. Como puedes ver, no es una carta de ayuda, pero puede funcionar como tal.

Lo que nosotros queremos es que las personas que agenden una cita con nosotros, ya sea porque vieron una carta de ayuda y se volvieron locos o porque están viendo un testimonio y sucede lo mismo.

Ahora vamos a ver otra estrategia que es más allá de un testimonio, es un caso de éxito completo.

Cómo alguien transformó su vida con el Coaching que estés vendiendo. Es un caso de estudio, y lo complementas con lo siguiente:

"Sigue los pasos de Mélida para transformar tu vida, el 90% de las personas que vieron este vídeo llenaron el formulario para hacer entrevistados para ser parte del movimiento AMI y aquí está el formulario".

O puedes decir: *"El 90% de las personas que vieron este vídeo agendaron una cita para ser entrevistados"*, y aquí colocas la agenda para que agenden su cita.

Como puedes ver, hace lo mismo, puede tener el mismo efecto que la carta de ayuda.

Una de las personas que respeto mucho, no usa cartas de ayuda; utiliza estos casos de estudio.

Si se te nubla la vista con hacer estos casos de estudio, grabar testimonios, grabar clics de lo que es tu Coaching; como fueron los tres ejemplos que ya vimos, no lo hagas, sigue con las cartas de ayuda.

Si tienes la capacidad de poderlo hacer, puedes utilizarlo a tu favor, es decir, si tu carta de ayuda ya está muy vista, pues, después les pones todos estos testimonios.

Después te vas y les pones videoclips, luego haces estos casos de estudio, casos de transformación y así le vas variando.

Así al que no le haga sentido una carta de ayuda, le puede hacer sentido un testimonio, al que no le haga sentido el testimonio, a lo mejor le hace sentido un caso de éxito.

Ese es el arsenal que puedes estar utilizando.

Hacer estos casos de estudio se puede poner al final de la agenda. Quiere decir que en la agenda, puedes programar en "Settings" que después de ver la agenda los mande directamente a donde tú quieras, a donde esté ese caso de estudio.

Entonces, carta de ayuda, formulario de ayuda, agenda de ayuda; esto es opcional. Luego rematas con un caso de estudio ¿para qué? para quitarles la desconfianza, para quitarles el escepticismo.

O puedes, dependiendo cómo estés promoviendo, enviarlos directamente al formulario de ayuda o puedes enviarlos directamente a la agenda.

Opción B: sería al revés. Los envías a la agenda a que se anoten en una cita y luego el formulario.

Después de agendar la cita los mandas al formulario y una vez que llenan el formulario al caso de estudio.

Es nada más otra opción, tú decides si lo haces o lo haces con carta de ayuda, agenda, formulario, caso.

Otra opción es el formulario de ayuda. Esto lo recomiendan algunas personas, personas que no son muy reconocidas, entonces está en ti si quieres experimentar.

Llenan el formulario de ayuda y en cuanto lo llenan, se hace una llamada de cortesía.

"Hola, Juan, vi que llenaste el formulario, esta llamada es nada más para decirte que tu formulario ya lo recibí, lo que te pido ahora es que agendes un bloque para llamar".

Esto lo hacen para tener más confianza de la persona. Yo lo siento un poco como perder el tiempo, como si ya les hice la llamada. Yo se las haría para vender.

Así lo hacen algunos y les funciona, les hacen esta llamada para que sepan que hay alguien real detrás.

¿Para qué es esto? Para hacer que más personas lleguen aquí. Si recuerdas, en el capítulo anterior te dije, no todos los que agendan llenan.

Esta llamada de cortesía era para que, si la mitad iba a llegar, con esta llamada hagas que nueve de cada diez llenen el formulario.

"Hola, Juan, que gusto que hayas hecho esto, te aseguro que esta llamada va a cambiar tu vida. Esta llamada es solo preparativa, para que sepas quién soy, que soy real, que vamos a hablar."

"Te estoy enviando en estos momentos el link de la agenda, para que agendes tu caso de estudio; una vez que lo agendes vas a ver uno de los testimonios de Mélida, una de las personas, que así como tú, fue a esta llamada y después cambió su vida. Ahí tú vas a ver cómo fue que cambió su vida. Un saludo, ¿Todo bien? ¿Nos vamos a ver? ¿Dónde prefieres que nos veamos? ¿Te vuelvo a llamar a este teléfono o quieres mejor que sea por Skype? Un saludo, chao, chao."

Otra estrategia, mucho más avanzada, aunque tampoco la he hecho, yo solo estoy mostrando aquí todas las posibilidades; es que llenan el formulario de ayuda y como página de descarga o en el mismo formulario les pides referidos.

Están llenando el formulario, tú lo puedes editar y puedes ponerle ahí campos para referidos.

"¿A qué otras personas como tú les gustaría tener la posibilidad de hacer una llamada de ayuda conmigo?"

Déjenme ahí sus referidos, ponme nombre y correo, ponme nombre y WhatsApp".

Y también les hablas a los referidos; eso sería como un maximizador de prospectos, nunca lo he hecho, allá tú si lo haces.

Hay personas que ya tienen cierto tiempo en el mercado y lo hacen en Estados Unidos. No me atrevería a decir que este método solo funciona en el mercado anglo; quizás también funciona en México.

Se trata de llenar el formulario y como página de descarga del formulario es que deben de pagar.

Ejemplo:

"Gracias por llenar la aplicación, gracias por llenar el formulario, para poder tener una llamada con Frank debes de dejar un depósito de 500 dólares. Es reembolsable, en caso de que Frank decida no trabajar contigo, vas a tener tu dinero de regreso. Una vez que hagas el depósito, que hayas enviado el dinero a este correo de PayPal, te enviaremos la agenda de Frank para que puedas agendar tu cita y tener la llamada, y después de la agenda el caso de estudio".

Entonces, entran por una carta de ayuda o entran por el caso de estudio, después se van al formulario de ayuda y después se van a la agenda. Una vez realizado este proceso, que ya agendaron, pueden ver un caso de estudio.

Si entraron aquí con la carta de ayuda, sigue el camino: carta de ayuda, formulario, agenda, caso de estudio.

Si entraron por otro lado y lo que vieron fue el caso de estudio: caso de estudio, aquí agenda, llena los datos del formulario o vete directamente a la agenda, o llena los datos del formulario y después la agenda.

Y pues, caso de estudio ya no, porque ya lo vieron, o les puedes poner otro caso de estudio distinto.

Esto entonces es una entrada.

Otra entrada podría ser directamente por el formulario.

Llenan el formulario, siguen la flecha roja, ya llenaron el formulario, ahora agendan la cita, tú dices si la apruebas o no y ahora ven un caso de estudio para tener mayor confianza.

Formulario, agenda, caso de estudio. Lo que te había dicho: formulario, llamada, llamada preparativa, agenda, caso de estudio; o no hay caso de estudio, no tienes, no pongas caso de estudio.

Formulario, plan de referidos; aquí pon tres personas que también tengan el mismo problema que tú. Formulario, plan de referidos, agenda, caso de estudio o no hay caso de estudio.

Formulario, agenda, deja el depósito para poder agendar tu cita, depósito de 7 dólares, 20 dólares, 100 dólares, 500 dólares, lo que quieras.

Si dejan el depósito llegan a la agenda, caso de estudio o no hay caso de estudio.

Envíalos directamente a la agenda, de agenda a formulario, y aquí agendan su cita, la página de descarga es este formulario:

"Lléname este formulario para saber más de ti antes de tener esta importantísima llamada".

O bien, agenda, formulario y del formulario el caso de estudio.

Tienes todo esto para jugar y sé que ya te estás frotando las manos de todas las posibilidades.

Haz lo que ya te enseñé, haz la ruta que funciona, no digo que las otras no funcionen, si quieres experimentar, aquí está todo este arsenal.

CAPÍTULO VII.

LUCY: LA MÁQUINA DE HACER DINERO

El sistema que me permitió generar 68.000 dólares en un mes; no se lo pueden saltar.

Primero ustedes van a tener que usar el embudo de tres pasos, hacer muchas llamadas, yo les recomiendo más de 100 para que puedan pasar a Lucy. No pueden estarse saltando las fases.

Fases del Proceso

Fase uno, lo acabamos de ver, calificas a tus prospectos.

Hablas únicamente con prospectos con el potencial de entrar. Le das al prospecto seis, cinco, cuatro, si te da tiempo. Con los tres, dos, uno, no hablas con ellos.

En esta fase quieres pequeños triunfos lo más rápido posible, quieres personas calificadas y que te digan que sí lo más rápido posible.

La fortaleza es el sistema de ventas que es este embudo que te acabo de dar y que te acabo de decir cómo jugar ilimitadamente con él.

El Script para llamada de ayuda hará la magia, sin importar tus resultados, sin importar tanto la oferta, ya que vende los sueños de las personas, vende lo que la persona quiere.

En la fase 2, en esta fase Lucy hablas con todos, hablas con personas dos, hablas con personas tres, hablas con personas cuatro, hablas con todos.

La fortaleza de este sistema no es tanto el Script, son varios factores principalmente relacionados con la persona y con el producto. Entonces, no usas carta de ayuda. ¡No vas a usar carta ayuda!

No usas tampoco formulario de ayuda. Ya te dije para qué es el formulario; para calificar a las personas.

Aquí no calificas a las personas, aquí hablas con todo el mundo y su hermano, una vez hablé con una mascota y me compró un entrenamiento.

No usas Script para llamada de ayuda, el Script que te di no lo vas a usar en su totalidad ¿qué sucedió con esto? ¿Qué es lo que pasaba?

Necesitaba generar 68.000 dólares en un mes, para mi mala fortuna era el mes con menos días del mes, 28 días.

El último día no me servía porque el último día ya iniciaba el entrenamiento, entonces eran 27 días.

Tenía que hacer de 10 a 15 llamadas cada día y, como sabes, una llamada de ayuda te puede llevar cuando recién comienzas.

Entonces no tenía 15 horas para hacer llamadas, lo que hice fue no usar el Script, sino comenzar a usar dos o tres preguntas del Script.

Primero usaba algunas ya que veía que no me funcionaba, a la siguiente llamada usaba otras, hasta que encontré tres o cuatro preguntas básicas para hacer esas llamadas.

Entonces no utilizaba el Script en su totalidad; lo que hacía era crear mi propio Script y más importante que crear mi propio Script, lo que hacía era actuar.

Si vieron la película del lobo de Wall Street, cuando Jordan Belfort llegó a una empresa y estaba hablando, haciendo su primera llamada. Vimos como él hacía que la otra persona se pusiera a llorar, se emocionara, la otra persona le gritara, él le gritaba a la otra persona:

"¿Realmente quieres ser rico? ¿Realmente quieres esa casa en el campo? ¿Realmente quieres invertir tu dinero para ganar 300% más? Escúchame."

"Escúchame, esta empresa está caliente, esta empresa va a ser el nuevo Google de los negocios, está empresa va a reventar y va a explotar y va a llevar tu dinero a diez cifras si inviertes conmigo."

"No se lo estoy diciendo a todos, tuviste la suerte de que me contestaras, quizá no se lo vaya a ofrecer a nadie más, eres tu nada más.

"Tengo unos peces gordos que están esperando mi llamada por equivocación te marqué John. Esta es tu oportunidad, esta es la oportunidad que siempre has estado esperando. ¿La quieres John? ¿La quieres John? ¿Quieres esta oportunidad John?"

Entonces él actuaba el Script. Así hice yo; hacia cambios de voz, me paraba o me sentaba, hablaba fuerte cuando tenía que hablar fuerte, hablaba despacio cuando tenía que hablar despacio.

También alzaba la voz cuando tenía que alzar la voz, bajaba la voz cuando era necesario bajarla.

Entonces, actué mi propio Script y encontré mi oferta irresistible.

La primera vez que describas tu oferta irresistible, va a apestar, la primera vez que describas en qué consiste tu Coaching va a apestar.

Pero conforme más y más veces describas tu Coaching, cada vez lo vas a describir mejor y cada vez vas a estar más cerca de encontrar tu oferta irresistible.

Tu oferta irresistible se encuentra alrededor o comienza a aparecer después de 50 veces que repitas en qué consiste esa oferta.

Una oferta muy irresistible:

"Vas a ir a un taller conmigo donde vas a escribir un libro, eso va a suceder el viernes, el sábado vamos a ver Ventas de Alto Valor; es un sistema para vender por medio de teléfonos, muy bueno y muy efectivo, más que una carta de ventas.

El domingo vamos a ver Marketing de Guerrilla, te voy a enseñar cómo vender por WhatsApp, por Facebook, por Facebook Live.

Marketing de Gorila que es una estrategia muy buena para tener muchos prospectos y Fanpage.

Cómo crear una Fanpage y que puedas ganar dinero con una Fanpage. Te voy a enseñar a hacer aplicaciones móviles aunque no seas programador tú vas a aprender a hacer aplicaciones móviles.

Eso es lo que va a suceder en este taller. ¿Suena bien para ti?"

Esa fue la primera oferta irresistible que hice, ahora yo les podría hablar distinto:

"Escúchame Celia, vas a llegar al taller el viernes, que va a comenzar, a las 6:00 pm vas a hacer el registro. Quiero que estés ahí para que te registres, para que conozcas a tus compañeros y a las 7:00 pm en punto vamos a iniciar.

Te voy a presentar a Mario Corona, el Coach que ha creado más de 2000 autores Best Seller en lo que va de dos años. Él te va a enseñar el sistema sencillo para escribir tu libro aunque no sepas de qué escribir tu libro.

Aunque no tengas una idea de qué es lo que escribirás en tu libro. Tú tienes una historia de vida, tú tienes un mensaje muy importante que compartir, Mario Corona te va a enseñar cuál es ese mensaje que tú tienes y tú lo vas a poder compartir con el mundo por medio de tu libro.

Te quiero decir algo, uno de los días más felices de mi vida fue superado cuando tuve mi primera hija y mi segundo día más feliz fue cuando tuve a mi segunda hija.

Pero otros días más felices en mi vida, casi como los que te acabo de mencionar, fue cuando tuve la gran oportunidad de escribir mi libro.

Escribí mi libro, lo subí a una plataforma que se llama Amazon.com, comencé a vender desde ese día mi libro y le dije a todos mis amigos: mira, Juan, ya escribí mi libro. ¡Cómpralo! Por favor, porque me dicen que si hago muchas ventas pudiera llegar a ser Best Seller.

Le escribí a María, le escribí a mi papá, a mi mamá, les dije: si no compras mi libro me voy a suicidar; ellos comenzaron a comprar mi libro.

Me dormí esa tarde hasta la madrugada, decepcionado de que no todos me hacían caso, no compraban mi libro.

Al día siguiente, el domingo por la mañana, desperté y mi libro era Best Seller en Amazon, yo era un autor Best Seller internacional ¡Imagínate esa locura!

Yo no lo podía creer, que alguien como yo pudiera escribir su libro y pudiera ser un autor Best Seller. Me emocioné tanto, fui a Facebook, publiqué, me empezaron a felicitar mis amigos y logré el sueño de muchos, ser un autor Best Seller.

Después con la estrategia que me dijo Mario Corona, fui y autopubliqué mi libro.

Lo ordené, ya que estuvo con tres días de descuento y me llegó mi libro impreso a mi casa.

Lo abrí, abrí la caja, lo olí, tú sabes a qué huelen los libros, pero no sabes a qué huele tu propio libro y abrirlo y ver tus palabras ahí escritas y leer todo el libro y después, también con la estrategia que nos dijo Mario y ahí en ese mismo taller; que fueron los de la editorial con la que tiene convenio AMI, inscribí mi libro y librerías y al tercer día más feliz de mi vida.

Fuera de estos días familiares de los que te hablo, fue un día que entré a un Sanborns, iba con mis padres, mi esposa y mis hijas, fuimos al área de librerías, el área de los libros y ahí estaba mi libro.

Ahí estaba al lado del de Robert Kiyosaki, a un lado del de Donald Trump, lo que hice fue tomar todos mis libros y ponerlos arriba de Robert Kiyosaki y de Donald Trump. Tomé la foto y la subí a Facebook y fue increíble, que mis padres vieran que ahí estaban mis libros, los compraron, se los autografié, fue el tercer día más feliz de mi vida.

Entonces, cuando escribí mi libro y fui Best Seller, cuando pude ver mi libro en físico, olerlo y leerlo y cuando pude mostrarle a mi familia que mi libro estaba en Sanborns, que yo ya era un autor de librerías ¿y qué crees, Celia? Esto es sólo lo que va a pasar el viernes ¿suena bien para ti?

¿Cuánto invertirías Celia, por cumplir tu sueño, tu capricho? O sea, es el sueño de todos tener un hijo, escribir un libro, plantar un árbol, era un sueño que yo no tenía.

Yo soy ingeniero ambiental y había plantado ya, cientos de hectáreas de árboles, yo ya he reforestado. Estamos completos, tengo dos hijas, ya no quieren que tenga más, me faltaba el libro, algo me faltaba en mi vida y era el libro, algo me faltaba en mi vida y era el libro, ¡y por fin lo logré!

¿Y qué crees, Celia? Con este sistema, ahora llevo ya 49 libros, soy el autor más prolífico de México y quizá de muchas partes del mundo.

Todo con ese sistema que tú vas ahí a aprender a hacer, vas a escribir tu libro y todo esto que te platiqué, que me sucedió en un periodo de 6 meses; te va a suceder a ti en el fin de semana.

Así que porque tú vas a escribir tu libro, nosotros vamos a llevar a diseñadores, vamos a llevar editores, lo vamos a editar, lo vamos a mandar a un centro de impresión sobre demanda y el viernes va a ser tu segundo día más feliz.

Porque el viernes vas a salir con tu libro en la mano, te lo vamos a dar, lo vas a oler, te lo va a entregar el dueño de la editora, te va a dar el libro.

El sábado por la tarde ya fuiste autora Best Seller y el día más feliz tú lo vas a vivir el sábado en la tarde.

El domingo en la noche, mi segundo día más feliz, tú lo vas a vivir ahí porque te vamos a dar tu libro impreso y mi tercer día más feliz, que me llegó mucho después, también lo vas a poder vivir ahí.

Porque cuando el señor dueño de la editorial te entregue tu libro te va a decir queremos publicar tu libro, queremos inscribir tu libro en librerías,". Tú vas a decidir si vas a tener el tercer día de tu vida o lo vas a dejar pasar.

Porque en ese momento tú te puedes inscribir con ellos y así seguir todo el trámite y que tu libro vaya a estar en Sanborns en donde sea que esté tu libro, a un lado o encima del doctor de libros favorito.

¿Suena bien para ti? ¿Comprendes lo que intento hacer? ¿Fue una mejor oferta irresistible que vas a ir y vas a aprender a escribir tu libro? Actué un poco el Script, en especial lo del viernes en las primeras 4 horas del evento.

No te quiero platicar las locuras que van a suceder el sábado todo el día hasta en la madrugada y las locuras que van a suceder el domingo porque vas a querer hipotecar tu casa para pagar este entrenamiento.

Mejor aquí la dejamos, ¿cuánto invertirías? ¿Cuánto invertirías, Celia, por este sueño de tener tu libro? ¿Lo que fuera, verdad? Sí, yo también, pero te apuesto que no te va a costar ninguna fortuna, te voy a platicar ahora lo que va a suceder el sábado..."

Ahí lo tienes, actúas tu Script. Cuando lo digas tan mal como lo dice al principio, tres de cada diez personas te van a decir que sí.

Cuando lo hagas así como te lo dije hoy, tan solo hablando de uno de cinco activos, nueve de cada diez o diez de cada diez te van a decir que sí.

Aunque no tengan el dinero, después se van a quedar con las ganas de encontrar el dinero, ya algunos lo encontrarán y te contratarán tu Coaching.

Entonces, en resumen, los factores del modelo Lucy son relacionados con la persona y relacionados con el producto.

¿Qué fue lo que hice para validar este modelo para que no fuera la persona?

"Heliosaki, tú ya eres conocido, a ti todos te dicen que sí."

Lo que hice para comprobar este modelo fue que abrí un nuevo perfil "Heliosaki Laguna" y agregué como amigo a Helio Laguna y a continuación, todas las personas que agregué, solo las agregaba si no eran amigos de Helio Laguna.

De este modo me estaba asegurando, en una gran probabilidad, de hablar solo con personas que no me conocieran; porque Heliosaki no existe, no me llamo Heliosaki, me llamo Helio, Heliosaki no existe.

Entonces, estaba hablando con desconocidos y estaba logrando esto que te estoy mostrando a continuación con desconocidos.

Y esto es el modelo Lucy. El modelo Lucy dice que si le caes bien a tu prospecto, algo que puedes lograr en una llamada, en la primera llamada con un desconocido, yo puedo hablarte sin que me conozcas y caerte bien.

Si confía en ti, yo puedo ser tan convincente que la persona confíe en mí, si crees lo que le dices.

¿Me creíste ahora lo que te dije del libro? Que fue el día más feliz de mi vida, los tres días más felices de mi vida, ¿si me creíste? Espero que sí.

Bueno, si crees en mí, algo que yo puedo hacer en una llamada con un desconocido es que crea en mí.

Si me ve como una autoridad; recuerda que dije que hice 49 libros en 18 meses, que soy el autor más prolífico de México, no necesitas mis credenciales.

Tú te puedes considerar como una autoridad, haz tu discurso de elevador.

¿Qué dirías de ti mismo en menos de 30 segundos que te posicione como una autoridad?

"Hola, mi nombre es Helio Laguna, soy el creador del Movimiento AMI, el movimiento más grande de resultados de todos los tiempos del mercado hispano."

Y así, ese fue mi discurso de elevador para mostrarme como una autoridad.

La persona no sabe si sí es cierto o no, quizás en ese momento, mientras esté hablando contigo vaya a Google y vea a ver si es cierto que hiciste eso de AMI.

Pero tú te posicionas como una autoridad y sí él te cree y él lo ve, excelente.

Ahora, relacionado con el producto, si piensa que a sus amigos les gustará lo que vendes, ¿les gustará a sus amigos ser autores Best Seller? Claro que sí, claro que sí.

Si piensa que tu producto es demandado, como por ejemplo:

"¿Sabes qué, Celia? El salón que tenemos es de 100 personas, no pueden estar quinientas mil, diez mil, es de 100 personas nada más, es demandada para 100 personas.

Estoy haciendo 10 llamadas cada día, tengo la agenda llena todo el mes, a lo que voy, es que voy a hablar con 300 personas, aunque a 10 personas les interese ser Best Seller.

También otro problema, es que no nada más estoy yo por motivo de esto, somos más de 100 personas que estamos cumpliendo este taller.

Fíjate que venimos de una gira por Perú, donde estuvieron 150 personas, no nos dejaron regresar, nos tuvimos que quedar a hacer otro taller de 50 personas.

Esto de escribir el libro es, tú sabes, todo el mundo quiere escribir un libro, plantar un árbol, tener un hijo. Esto de escribir un libro es algo transformacional, es algo que todos quieren y pocas personas, solo 100 lo van a poder tener.

Si piensas que la oferta está hecha específicamente para ellos, Celia, dime sí o no quieres escribir un libro, es algo que siempre has soñado, ¿sí? Pues sí, entonces esto es para ti, Celia.

Si piensas que todos los demás la quieren, ¿a poco no es el sueño de tus amigos, ser autores Best Seller, de tu mamá, de tu tía, de tu hija?

Si piensas que vale más de lo que estás cobrando, Celia, tú dijiste que esto del libro, pagarías 5.000 dólares, 10.000 dólares y solamente, vas a invertir 997$ para estar en este taller y solo es uno de los activos, hay cinco activos más, Celia.

¡Fíjate! Si me dijiste que pagarías 5.000 dólares por tu libro, ahora te doy la buena noticia, no son 5.000 dólares, son 1.000 dólares y por una pequeña fracción de todos los beneficios que vas a recibir."

Entonces, si no vas a hacer esto relacionado con el producto, ellos comprarán.

No tienen por qué no comprarte; si lograste caerles bien, que confiaran en ti que creyeran en ti, que te vieran como una autoridad, que pensaran que a tus amigos les gustará lo que vendes, ellos comprarán.

Que piensen que tu producto es demandado, que piensen que está hecho específicamente para ellos, que piensen que todos lo quieren y que piensen que vale más de lo que estás cobrando por ello, ellos comprarán; no hay razón por la cual no compren.

En resumen, en este desafío que te dije, necesitaba hacer 68 ventas para comprar la casa que quería mi esposa y hacerlo en ese mes, porque al mes siguiente era su cumpleaños y poderle dar la casa de sus sueños el día de su cumpleaños; algo que logré, imagínate lo logré.

Logré comprar la casa, entregársela un día antes de su cumpleaños.

Para hacer estas 68 ventas, tuve que hablar con 250-300 personas; no las conté, pero lo más seguro es que fueran 300.

Por momentos todos decían que sí, aunque no tuvieran el dinero, me decían que sí, por cómo les presenté la oferta.

Lograron reunir el dinero, pero todos me decían que sí.

La fase tres es la supremacía. La fase uno ya la vimos, es el embudo de tres pasos, la fase dos es el modelo Lucy y la fase tres es la supremacía.

Todos quieren trabajar contigo sin importar el costo, sin importar el qué, porque eres la única opción disponible.

Eres el Kiyosaki de las finanzas personales, eres el Tonny Robbins de la transformación, eres el Tonny Robbins del PNL, eres la única opción disponible.

Nadie le pregunta a Tonny Robbins: *"¿pero va a haber breaks? y ¿a qué hora salimos? ¿No me quemo si camino bajo el fuego? ¿Va a haber galletas y café? ¿De cuál café?"*

Nadie les pregunta eso, nadie les cuestiona el precio *"oh, 5.000 dólares, pero ¿pues qué incluye o qué? ¡Ay! 10.000 dólares, ay, ¿pues qué me vas a dar?"*

Nada, es la única opción disponible, nadie les cuestiona absolutamente nada, ¿cómo planeo ahí, o cómo ya llegué ahí si en tu mente soy la única opción disponible en ventas de alto valor, en Email Marketing o en múltiples fuentes de ingreso o en resultados rápidos? o ¿cómo tú puedes llegar ahí?

Una opción, resultados y aquí están, resultados míos: 48 libros, Best Seller en Amazon, ya son 49, Coach de resultados rápidos. Coach que da resultados a cualquier persona. Coach de libertad financiera, más de 200 personas han logrado su libertad financiera como resultado de haber estado en algún taller, en algún Coaching conmigo.

Algo que pocas personas pueden presumir; o posicionamiento para la supremacía.

Yo elijo un día determinado en el que quiero la supremacía y llego a eso como rayo, en el tiempo que yo quiera.

Quiero ser el especialista número uno en Email Marketing y lo hago, a la velocidad de la luz.

Quiero posicionarme como especialista en múltiples fuentes de ingreso, lo hago a la velocidad de la luz.

Quiero posicionarme como especialista en ventas de alto valor, lo hago a la velocidad de la luz.

No solo me posiciono yo en el objetivo que quiera, en la cosa que quiera, en el tema que quiero, sino que invento personajes que posiciono en las mentes de las personas.

Muchos de estos personajes son más ficticios, son más famosos ya, que personas reales, que marketeros reales, que llevan años en el mercado porque su accionar no es el de posicionamiento.

Es el de aparecerse una vez y después desaparecerse 6 meses. Ustedes, estando ahí todo el tiempo, posicionándose todo el tiempo en la mente de las personas, van a hacer lo que les dije, el máximo divulgador.

No importa quién es el que inventó tal cosa, lo que importa es quién es el máximo divulgador de tal cosa.

Jürgen Klarić no inventó las Neuroventas, pero es el máximo divulgador de Neuroventas.

Frank Kern no inventó las ventas de alto valor, pero es el máximo divulgador de ventas de alto valor y así sucesivamente.

Yo no inventé el Email Marketing, pero soy el máximo divulgador de Email Marketing.

Entonces, allí están personajes que están más posicionados que gente real: "Heliosaki", "pregunta al tío Frank", "la hora con Batman", etcétera.

Bueno, ¿cómo estoy en la mente de las personas con Email Marketing?

Todos los días envío un correo electrónico desde el 2013 a la fecha, en mayo del 2017 cumplí 4 años enviando correos electrónicos diarios, WhatsApp.

Todos los días envío mensajes de WhatsApp diarios.

En marzo del siguiente año voy a cumplir 2 años enviando mensajes de WhatsApp diarios, vídeos.

Todos los días hago o vídeo, ya van más de 1000 vídeos en mi canal de YouTube.

Tengo más vídeos que Bloggers o YouTubers famosos, yo he hecho más vídeos que muchos YouTubers famosos.

Marketing con Webinars, tengo más de 3 años haciendo Webinars, en las llamadas se llamaban llamadas de poder, ahora son trasmisiones de Facebook Live.

Y en las noches, convocando gente y haciendo Webinars, ayudando a las personas.

Trasmisiones de Facebook Live, tres al día, con cada uno de estos personajes, "manejando con Heliosaki", "la hora con

Batman", "pregunta al tío Frank". Todos los días desde que salió Facebook Live,

"Entradas de poder", así le llamo a subir imágenes virales, hasta Batman tiene sus propias imágenes virales.

En páginas de fans, tengo más de trescientos mil fans, gracias a esta estrategia de subir imágenes virales.

Lo más importante no subir la imagen de Jürgen Klarić o Heliosaki, sino tus propias imágenes, tus propios pensamientos.

Si no tienes pensamientos con frases nuevas, pues lee todo el tiempo un libro.

Cuando salga una idea nueva escríbela con tus propias palabras y ponla con tu foto.

Todo esto me permite, al lograr la supremacía, vender por chat a precios elevados.

Por WhatsApp o por medio de Messenger e incluso, poner a otras personas a vender posicionamiento para que otra persona, siendo administrador en mi página de fans, se valga de ese posicionamiento y pueda vender.

Porque la persona cree que está hablando conmigo aunque sea un administrador y con toda esa confianza, con toda esta autoridad le compren a esa persona, pues ahí lo tienes, aquí están estas herramientas.

CONCLUSIÓN

Hasta aquí hemos llegado.

Espero que te haya gustado, la tarea ahora es hacer tu carta de ayuda con el esquema de los tres pasos que te acabo de revelar.

O si quieres innovar, si quieres hacer dos o tres embudos, no pasa nada.

Puedes hacer tu carta de ayuda, tu formulario de ayuda y "agenda-cita" o puedes hacer dos o tres combinaciones y que tener así varias entradas para que las personas no se aburran de ver únicamente lo de la carta de ayuda, sino que puedan tener varias cosas.

¡Comienza a tomar acción!

Muchas gracias por leer hasta aquí y espero que toda esta información que es Oro Molido, además de haberte volado la cabeza, te haya hecho arrancar a implementarla, ya que sin acción no hay resultados.

Tu amigo,

Helio Laguna

www.ingramcontent.com/pod-product-compliance
Lightning Source LLC
Chambersburg PA
CBHW020448220526
45464CB00002B/910